촌기자의
곧은 소리

촌기자의 곧은 소리 장동범 칼럼집

초판 1쇄 펴낸날 2010년 3월 26일

지은이 장동범   그림 안기태
펴낸이 강수걸
펴낸곳 산지니
등록 2005년 2월 7일 제14-49호
주소 부산광역시 연제구 거제1동 1493-2 효정빌딩 601호
전화 051-504-7070 | 팩스 051-507-7543
sanzini@sanzinibook.com
www.sanzinibook.com

ISBN 978-89-92235-86-0 03070

값 15,000원

* 이 도서의 국립중앙도서관 출판시도서목록(CIP)은
  e-CIP 홈페이지(http://www.nl.go.kr/cip.php)에서
  이용하실 수 있습니다.(CIP 제어번호 : CIP 2010000876)

장 동 범 칼 럼 집

촌기자의 곧은 소리

글 **장동범** · 그림 **안기태**

산지니

'아름다운 마무리'를 위하여

● ● ●

초등학교에도 들어가기 전 코흘리개 시절 집 근처 마산 의신여중에서 열린 선거 유세장에 어머니를 따라 간 적이 있었다. 어머니는 그날 입구에서 나눠주는 광목으로 된 흰 수건을 하나 받아오셨는데 베가 귀한 때이고 보니 인쇄된 글자를 세탁해 내 베갯잇으로 만들어 주셨다. 조금 커서까지 그 베개를 썼는데 자세히 보니 '자유당 후보 ○○○'이란 글씨였다.

얼마 뒤 3 · 15 부정선거로 마산 시내가 온통 데모군중의 함성과 총성으로 뒤덮였다. 나는 집 감나무 위에 올라가 북마산파출소가 화염에 휩싸이는 것을 보았다. 중학교를 다니면서 마산 무학초등학교 담벼락 곳곳에 총탄 자국이 남아 있는 것을 아무 생각 없이 보았다. 고등학교 생활 내내 군사훈련을 받았다.

부산에서 대학을 다니면서 유신방학을 맞았다. 학교 교정에 탱크가 들어왔고 군인들이 주둔하면서 살벌한 분위기였지만 우리는 술로 무력감을 감추었고 은근히 느닷없는 방학을 즐겼다.

그 뒤 기자가 되었다. 수습기간에 지방부 데스크는 "우국지사형의 기자는 필요 없다. 철저한 직업 기자가 돼라"고 강조했다. 얼마 안 가 부마민주항쟁이 터졌다. 통금이 앞당겨지며 부산시청 앞에 계엄군들이 주둔했고 완전 무장한 입초 군인들을 보고 지나던 아가씨가 웃었다고 총 개머리판으로 후려쳐 피를 흘렸지만 우리는 기사 한 줄 내지 못했다. 곧 10·26이 터졌고 국보위가 들어서면서 언론 사주들의 자율 결정이라는 이름으로 언론통폐합이 이뤄졌다.

신문과 방송 기자 일을 함께 했던 나는 운 좋게도 방송 쪽으로 해서 KBS 기자로 직장을 옮겼다. 2급 중등교사 자격증이 있었던 나는 교단에 서기로 마음먹었지만 주위에선 그래도 기자가 낫다고 했다. 초창기 KBS 생활은 갈등의 연속이었다. 편파 보도로 시청자들의 비난이 쇄도했고 특히 선거보도가 문제가 많았다. 당시 기자협회는 친목단체로 일선 분회장은 주로 협회보를 나눠주고 회비를 거두는 역할을 했다. 6월 항쟁이 발발하자 성난 군중들은 부산 KBS를 에워쌌고 경찰의 최루탄에 적잖은 눈물을 흘렸다.

6·29 민주화 선언으로 언론사에 노조가 잇따라 만들어졌다. 수많은 사람들의 피의 대가로 언론 내부에도 '무임승차'의 민주화 바람이 불기 시작했다. 나는 1990년 4월 KBS의 방송 민주화운동에 앞장선 것이 계기가 돼 어쩌다가 언론노련 사무처장직을 1년 넘게 하면서 노조를 통한 언론민주화운동의 한 단면을 맛보았다.

33년 넘는 결코 녹록찮은 기자생활을 마감하는 시점에 어떻게 회한이 없을 수 있겠는가? 그러나 돌이켜보면 50여 년이란 짧은 세월에 농경사회에서 산업사회, 그리고 정보화 사회를 살아온 이 땅의 수많은 전후세대들 모두 참으로 열심히 삶을 살았다는 생각에는 변함이 없다. 더구나 우리보다 더 어려운 세월을 견뎌온 나의 아버지 세대들에 대해서는 새삼 존경심마저 드는 작금이다.

자유인으로 돌아가는 이제 내 나름으로 몇 가지 숙제를 가지고 있다. 우선 내 서재에 꽂혀 먼지를 뒤집어쓰고 있는 책들을 곰곰이 살펴 먼지를 털어내는 일이고, 다음으로 조직생활에 얽매여 미처 못 만났던 옛 지인들을 틈틈이 만나는 것과, 더 늙기 전에 해외여행을 1년에 1~2차례 하는 일 그리고 평생 숙제인 좋은 시를 열심히 읽고 쓰는 것.

아! 그보다 더 중요한 게 있다. 아름답게 늙기 위해서는 건강이 필수이다. 건강을 유지하기 위해서는 자연과 가까이 다가가야 한다. 한창 시절 내가 민주화를 통해 인간의 연대를 고민했다면 누구 말대로 "이제 자연과의 연대를 모색해야 할 때가 아닐까?" 따라서 나의 우거가 있는 삼랑진 '수촌재'에 지내는 일이 많을 것이다.

두서없이 글이 길어졌지만 '아름다운 마무리'를 위한 방편으로 펴낸 졸저를 읽어주시는 분들께 먼저 감사하고, 까칠한 성격의 못난 남편을 인내를 갖고 길동무를 자처하는 아내와, 한때 신문지상에 어떤 기자보다 시사만평으로 촌철 살인했던 안기태 화백께서 삽화를 맡아주시어 고마울 따름이다.

이 책에 실린 글들 1부는 내가 언론노련 사무처장으로 있으면서 〈언론노보〉에 쓴 칼럼들을 모은 것이고, 2부는 주로 1980~90년대

사이에 부산지역에서 발행되는 정기 간행물이나, 기자협회 등 언론 관련 단체에서 발행하는 간행물 등에 실린 글들을 정리한 것이다. 지금 시점과 비교해 내용이 동떨어지거나 거리가 먼 것도 있을 것이나 당시 시점을 참조해 봐주시길 바란다.

2010년 3월
장동범

영원한 선배 장동범

이상준 (KBS 전국기자협회 회장)

장동범 선배 하면 가장 먼저 떠오르는 게 하나 있습니다. 커다란 안경을 머리에 걸치고 한 개비의 담배를 문 채 골똘히 뭔가를 고민하시는 모습…. 후배 기자가 쓴 기사를 교정하실 때도 이 모습은 변하지 않으셨습니다.

전 장동범 선배를 잘 모릅니다. 아니 정확히 말하자면 안 시간이 그리 길지 않습니다. 제가 KBS에 1996년에 입사하고 다른 선배들에게 장 선배 얘기를 많이 들었습니다. 언론이 여전히 자유롭지 못한 시절, 투사의 이미지라곤 전혀 찾아볼 수 없는 외모인데 항상 앞장섰다는 장 선배의 얘기를 들으며 '아 정말 강한 분이구나' 라는 생각을 했을 뿐이었습니다.

이듬해 부산 보도국 정치경제 담당부장으로 부임하시면서야 첫 연을 맺을 수 있었습니다. 1999년 사회부장으로 부임하면서 저를 포함한 후배 사회부 기자들과 본격적으로 생활을 함께하기 시작했습니다.

사회부 막내 기자시절, 사회부장은 시경 캡과 함께 너무나 무서운 존재였습니다. 사건이라도 하나 놓치면 금세 불호령이 떨어질 것만 같은 분위기가 그때는 대세였습니다. 그러나 장 선배는 달랐습니다. 20년 가까이 차이 나는 새까만 후배들에게 너무나 친근하게 다가오셨습니다. 사건 기사를 풀어가는 방법은 물론 국문과 출신답게 올바른 국어표현법까지 세세히 가르쳐주셨습니다. 어찌 보면 부장이라기보다는 큰 형님 같은 모습이었습니다.

근데 얼마 안지나 참 인상 깊은 모습을 봤습니다.

1999년 7월 KBS를 포함해 전 언론은 국회의 통합방송법 통과를 규탄하며 전면 파업에 돌입했습니다. 파업 며칠이 안 되어 전국을 떠들썩하게 만들었던 대도 신창원이 교도소 탈옥 2년 6개월 만에 순천에서 붙잡혀 부산으로 압송돼왔습니다. 기자들은 파업 중이었고 부산 보도국엔 몇몇 부장들만 일하고 있을 시기, 전 언론의 관심은 부산으로 집중됐고 부장들도 시시각각 터져 나오는 신창원 사건 현장에 투입됐습니다. 근데 장 선배는 갑자기 안 기르던 수염을 기르기 시작하셨습니다. 기사는 쓰더라도 대의를 위해 후배들이 파업 현장에 있는데 자신이 TV에 나오는 상황은 안 만들겠다는 작은 반항(?)이었던 것입니다. 전 이런 모습을 보면서 후배들과 함께하려 했던 선배의 마음을 조금이나마 이해할 수 있었습니다.

야단보다는 칭찬을 많이 하셨던 선배, 많은 말보다는 소주 한잔 같이 마시며 싱긋이 웃어주시던 선배, 후배들을 너무 좋아해 후배 기자들끼리만 한잔 하려면 잘 삐지셨던 선배, 기자의 바쁜 삶 속에서도 시집까지 내신 부산에선 꽤 유명한 시인이신 선배, 장 선배는 그런 모습으로 언제나 우리 곁에 계셨습니다. 그런 선배다 보니 아들뻘 되는 후배 기자 2명의 결혼식에 주례를 맡으실 정도로 후배들의 존경을 받아오셨습니다.

이 책에는 장 선배가 언론의 자유를 그리고 기자협회의 활성화를 위해 애쓰셨던 때의 소중한 글들이 모두 담겨 있습니다. 지금 우리가 쓰고 싶은 글 마음대로 쓸 수 있고 어떤 외압에도 굴하지 않게 된 것은 장 선배 같은 분들이 힘들게 사셨던 것 때문인지도 모릅니다.

우리는 이제 편안히 선배가 남긴 글을 봅니다. 기자의 양심이 기자의 판단이 왜 중요한지를 알 수 있는 소중한 글이 될 것이라 봅니다.

기자는 기사로써 말하고 역사의 기록을 남긴다고 했습니다. 선배가 남긴 소중한 글귀 하나, 문장 하나가 바로 언론의 역사고 KBS 부산기자협회의 발자취가 아닌가 싶습니다.

선배가 가고자 했던 기자의 길, 남기고자 했던 글, 이젠 우리가 숙제로써 안고 갑니다.

그런 선배가 정든 직장, 정든 언론의 현장을 떠나신다고 합니다.

오늘은 장 선배가 유난히 좋아하는 맥주 한잔을 같이 나누며 아직까지 못 다한 얘기를 밤새도록 듣고 싶습니다.

당신의 삶에서 나를 반추하며

장홍태 (KBS노조 부산 · 울산지부장)

20여 년 경력의 차이라면 일반 회사의 경우 근접하기 힘든 큰 간극으로 느껴질 터이다. 강산이 두 번이나 얼굴을 바꿀 만큼의 시간이고 우리나라처럼 급변하는 역사를 가진 사회 환경에서 이런 거리감이 더욱 심화되어왔던 것 또한 부인하기 힘든 사실이기 때문이다. 오죽하면 나이 혹은 세대라는 경계가 계급이라는 경제적인 잣대보다 사회 구성원의 입장을 더욱 명확하게 가르기도 하지 않던가?

결론부터 이야기하자면 선배님은 좀 달랐던 것 같다. 어쩌면 방송국이라는 곳에서 '선배'라는 단어는 무소불위의 가치가 극대화된 '선사부일체(先師父一體)'라는 엄격한 도제문화를 대표하는 말이기도 했다. 그럼에도 장 선배님과의 짬밥의 차이가 20년이나 되리라는 것을 체감한 기억이 내겐 별로 없다. 치열한 방송현장 곳곳에서도, 그야말로 허름한 밤늦은 선술집에서도, 혹은 낮술이 난무하던 자리에서도 후배들과 잘 어울린 장 선배님의 모습을 낯설다고 느껴본 적이 거의 없었던 것이다. 아마도 그 자리에는 항상 토론이라기보다는 이야기가 있었고 설득보다는 이해가 있었고 그것을 공유하는 사람이 있었던 탓이리라.

그 옛날 수업시간에나 배웠던 언론통폐합에 대한 의미를 곱씹고, 정치독립의 의의를 나누고, 지역이라는 결코 양보할 수 없는 가치를 확인하던 그 자리들이 당신이 있었기에 가능했다는 사실을 퇴직이라는 고개를 두고서야 뒤늦게 깨닫고 있는 중이다. 어쩌면 느리게 살고자 하는 선배의 삶의 방식 속에는 뒤따라오는 이들의 조급한 심정들을 녹여줄 따뜻한 체온이 있었기에 가능한 이야기인지도 모르겠다.

한 유명 카메라 회사는 '기록이 기억을 지배한다'는 명제를 광고 카피로 사용하기도 했다. 따지고 보면 어디 사진만이 그러할까? 수없이 많은 단어를 조합하고 의미를 녹여 넣어야 하는 글 역시 마찬가지리라. 33여 년의 시간을 기사나 칼럼 혹은 시작(詩作)으로 옮긴 선배의 기억들은 그래서 고스란히 하나의 언론사(言論史)로 남는다. 더군다나 기자로서의 양심과 시대정신이 오롯이 담겨 있기에 장 선배님의 기록들이 후배들에게 남길 의미들이 더욱 가치 있으리라 믿는다.

누구나 나이가 들면서 '나는 어떤 삶을 살았나?' 하는 고민을 하기 마련이다. 나는 어떤 기록을 남겼으며 또 어떤 기록들을 남기고 살아갈 것인가? 이런 반추를 거듭하게 되는 이유는 아마도 스스로 선배가 되고 있는 자신의 모습을 깨달아가고 있기 때문일 것이다. 그래서 앞선 자들의 기록들이 따라가는 이들의 지표가 되는 것은 참으로 반

가운 일이다. 이런 점에서 이 책은 적어도 선배이고자 고민하는 사람들에게 제법 괜찮은 길을 제시할 수 있을 것이라 믿는다.

적어도 아직까지는 한 드라마의 대사처럼 '번듯하기보다 반듯한' 삶이 아마도 장 선배님의 삶이 아니었을까 감히 생각해본다. 언론인이라면 그것도 지역에 뿌리를 두고 이것을 고민하는 사람이라면 그의 33년의 기록들을 기쁘게 대할 수 있을 것이다. 그때나 지금이나 별다를 바 없는 현실을 느끼는 것이 뼈아프긴 할지라도.

마지막으로 한 고비를 넘었지만 이런 한 선배의 철학이 앞으로도 더욱 심화되고 귀감이 될 수 있도록 기도하고 싶다. 더욱 건강한 모습으로 말이다.

차례

1부 곧은 소리

2부 나발의 변

곧은 소리

아직 끝나지 않은 '토끼사냥'

김영삼 정부의 개혁바람의 핵이라 할 수 있는 공직자 재산공개는 뚜껑이 열리는가 싶더니 어느새 닫히고 말았다. 이를 두고 항간에서는 '깜짝 쇼'였다는 혹평도 낳고 있다. 역시 기대가 크면 실망도 큰 법.

공직자의 재산공개는 국민의 녹으로 살아야 할 공직자가 명예보다는 부의 축적에 혈안이 된 공직사회의 대표적인 부조리로, 이번 기회에 아주 뿌리가 뽑히길 일부 기득계층을 제외한 대다수 국민들이 바랬었다.

그러나 몇몇 대표적인 사례만 '일벌백계' 식 처리로 끝나고 사법부를 비롯한 고위 공무원에서부터 하부구조로의 사정바람은 일단 멈춘 듯이 보인다. 그도 그럴 것이 뚜껑을 열고 보니 악취는 물론이고 부패의 양도 엄청나 끝까지 손댈 엄두도 안 났으리라. 자르다 보면 자르는 손목도 잘라야 할 것이고 시시비비를 가려주는 곳도 손을 대야 해 권력구조의 붕괴위험도 있다는 주변의 이야기도 들려온다.

그럴 수도 있겠다는 수용론에 앞서 곰곰이 생각해보자. 정권이 바뀔 때마다 으레 부는 바람에 익숙한 공직사회에서는 개혁 초기에는 알아서 기다가 시간이 조금 지나면 다시 슬금슬금 고개를 드는 속성이 만연돼 있는 것이다. 또 자리에 연연하는 높은 자리에서 내려올수록 이러한 속성은 뿌리 깊어 중간 자리 공직자들의 부의 축적도 만만치 않다는 관가의 귀띔도 있다.

공직자는 명예와 부를 한꺼번에 공유해서는 안 된다. 공유할 수 없도록 돼야 한다. 직위를 이용하거나 주어진 정보로 개인의 부를 축적하는 관행은 반드시 사라져야 하는 것이다. 이러한 부조리의 연결고리를 이번 기회가 아니면 언제 끊을 것인가?

이번 공직자 재산공개 파문에 대한 언론의 자세 또한 문제가 많다. 만년 해바라기 성향을 가진 언론들은 재산공개 바람이 불자 이때다 싶어 앞다투어 폭로주의식의 기사로 연일 지면을 더해갔다. 정부에서 제공하는 자료에 눈 굴리기로 속보경쟁을 하는 언론을 보면서 왜 정작 저토록 만연된 부패의 더미를 모른 체했을까 하는 의구심마저 드는 것이다. 과거 권력의 핵에서 부의 축적에 혈안이 됐던 국회의원 들을 비롯한 정부 고위 공직자들에 대해서는 취재의 대상에서 제외 했다가 별 볼일 없게 되자 마구 돌을 던지는 언론의 속성이 한심하기 까지 하다.

이제 언론의 취재영역도 성역이 없어야 한다. 형형한 감시의 눈초 리로 한시라도 한눈팔지 않고 끈질기고 끝없는 취재망으로 누구라 도 어느 때라도 보도할 수 있는 역할을 할 때만이 국민의 편에 언론 의 자리매김이 가능해진다.

재산공개 파문의 조기수습에 대해 비판하는 언론들에 대한 정부 의 시선도 곱지 않은 것 같다. 개혁의 속도를 너무 내면 실패할 가능 성이 높아진다는 논리인 것 같다. 도대체 개혁에 속도가 문제인가? 점진적이든 급진적이든 개혁의 필요성이 높아진다면 지속적으로 이 뤄져야 한다. 지속적인 개혁은 설혹 칼자루를 쥔 손이라 하더라도 부 패했으면 잘라야 하는 것이다.

토끼 사냥이 끝났더라도 또 잡아야 할 토끼가 있으면 계속 잡아야 하는 것이 사냥꾼의 생리다. 필요한 토끼만 잡고 눈앞에 있는 토끼를 모른 체하는 것은 전문적인 사냥꾼의 모습이 아니기 때문이다.

(1993년 4월 3일 〈언론노보〉 191호)

뿔 바로잡으려다 소 죽일라

정부가 12일자로 마침내 사이비 언론 근절대책을 발표했다. 새 정부 출범 초기에 언론규제에서 언론지원을 약속했던 공보처가 민간차원에서 처음으로 언론에 대해 개혁의 칼을 빼든 것이다. 정부는 사이비 언론 근절대책의 배경에 대해 "언론의 이름으로 국민을 괴롭히는

사이비 기자와 사이비 언론을 한국병의 치유차원에서"라고 밝혔다.

물론 언론의 부정비리 문제에 대한 정부의 대책에 원칙적으로는 동의한다. 언론노련을 비롯한 민주언론 단체들이 그동안 지속적으로 펴온 자정운동에는 솔직히 한계가 있었기 때문이다. 그러나 우리는 여기서 한 가지 떠오르는 의구심을 떨쳐버릴 수가 없다. 그것은 정부가 당초 언론에 대한 규제나 간섭을 지양하고 건전언론 육성을 위해 적극 지원하겠다는 약속에 배치되는 사이비 언론 근절대책을 들고 나온 점이다. '사이비'라는 용어에도 문제가 있지만 자칫 정부의 이러한 의도가 언론 전체에 대한 대국민 이미지에 커다란 손상을 줄 수도 있기 때문이다.

실제로 상당수 지방언론사들은 '사이비=지방언론사' 식으로 몰고 가는 정부의 발표들에 대해 불쾌감과 함께 반발심을 감추지 못하고 있다. 언론의 부정비리 문제는 서울과 지방을 떠나 구조적인 문제이다.

재정구조가 취약한 일부 지방언론사들뿐 아니라 중앙 유력지들까지도 광고 의존도가 높기 때문에 광고 유치를 위해서는 부정과 손잡을 수 있는 가능성이 그만큼 높아진다.

또 공보처가 발표한 사이비 기자 사례들을 보면 상당수가 관공서나 업소, 시민들의 약점이나 비리를 알고 폭로하겠다고 협박해 금품을 갈취한 것으로 돼 있다. 이러한 사례들의 이면을 면밀히 살펴보면 비리의 구조가 극히 상대적임을 알 수 있다. 말하자면 부조리의 현장에 비리의 독버섯이 피어나는 것이다. 이 밖에도 상당수의 지방언론사들은 생계비에도 못 미치는 급료체계 때문에 금품수수에 대한 유혹을 떨쳐버리기 어려운 실정이다.

이 같은 구조적인 모순에서 모순의 원인제공과 부패구조의 척결 행위의 주체가 누구인가는 자명하다.

과거 군사정권의 언론정책들을 일별해보면 3공부터 5공까지는 탄압과 통폐합 등 강압적인 규제로 일관해오다 6공 때는 무분별한 인준으로 언론사들끼리 무한경쟁의 자충수를 두게 했다. 언론사의 양적인 팽창은 자연 살아남기에 급급해 권력의 눈치를 보게 되고 이에 따른 '권언유착'의 빌미를 제공한다.

또 앞서 공보처의 사이비 기자 사례에서도 보듯 언론비리 문제는 관이나 사법기관에서 감시자 역할만 충분히 하면 얼마든지 방지할 수 있는 사안들에 대한 책임을 언론에 돌리고 있는 것이다.

이러한 상황에서 역대 정권이 바뀔 때마다 되풀이해온 '사이비 언론 대책위원회'가 구성됐다. 법치주의 국가에서는 통상적으로 업무를 수행하는 검찰과 경찰이 사이비 언론을 척결하기 위해 가세한 것이다. 또 공보처는 "사이비 언론이 추방될 때까지 이 위원회를 계속 운영하겠다"고 밝히고 있다.

우리는 정부의 이러한 입장에 원칙적으로 동의하면서도 우려되는 상황에 대해 몇 가지 제안을 하고자 한다.

첫째, 이번 사이비 언론 근절대책의 기준이 무엇인가 하는 것이다. 자칫 언론 전체가 사이비로 매도될 수 있는 상황에서 무한정 단속과 사례발표는 언론 전체를 위축시켜 '언론 길들이기' 형태로 나아가기 쉽기 때문이다.

둘째, 사이비 언론 근절은 지엽적인 것이 아닌 근본적인 문제해결로 접근해야 한다. 재정구조가 취약한 언론사들의 무분별한 인준으로 사이비 기자 양산의 온상이 되는 불건전한 언론사들에 대한 원천적인 근절이 시급하기 때문이다.

셋째, 사이비 언론 근절을 명분으로 한 정부의 일방적인 움직임은 언론 자율정화에 배치된다는 것이다. 따라서 사이비 언론 근절은 정부주도에서 언론내부의 현실을 누구보다 잘 알고 있는 민주언론 단체들과의 공동 작업으로 이뤄져야 한다는 점을 강조하고 싶다.

경직된 언론정책으로 소뿔을 바로잡으려다 소를 죽이는 교각살우(矯角殺牛)가 될까 우려한다.

(1993년 4월 17일 〈언론노보〉 192호)

'일하는 행복'을 되찾는 길

일에 대한 개념도 바뀌고 있다. 양보다는 질을 중시하게 된 것이다. 일에 대한 이 같은 인식변화는 단순노동에서 산업사회와 정보사회로 이어지면서 숙련·기술노동과, 취급하는 일의 중요도에 따라 정신노동에 이르기까지 다양하게 분류되면서 세분화되고 있다.

그러나 일하는 사람들에게는 한 가지 변하지 않는 것이 있다. 일을 하는 목적이다. 왜 나는 일을 하는가? 바로 행복해지기 위해서이다. 정신이나 육체노동을 제공해주고 받는 대가로 나를 비롯해 가족과 친척, 더 나아가서는 국가와 민족이 행복해지기 위해서이다. 물론 개인을 떠나 큰 집단이 행복해지기 위해서는 일의 만족도가 뒤따라야 한다.

이 같은 노동의 목적성은 노동의 주체만으로는 합목적에 이르기 어렵다. 노동의 주체와 함께 노동의 대가를 지불하는 사용자의 일에 대한 인식이 대단히 중요하다. 흔히 계약관계로 성립되는 노동자와 사용자와의 관계는 과거 주종관계에서 이제는 대등관계로 합법화되고 있다. 대등한 노사관계는 자칫 이해대립으로 오해받기 쉽지만 원만한 대화와 인간관계가 오가면 노동의 합목적에 이를 수 있다는 시각이 지배적이다.

일의 구분에 따라 정신노동과 육체노동을 겸한 대표적인 직업 중의 하나가 언론노동자이다. 취재와 제작, 배포(방송) 등으로 이뤄지는 언론노동은 그러나 여론을 형성한다는 노동의 목적성 때문에 오랜 기간 육체노동의 고단함을 소홀히 여겨왔다. 밤낮 없는 취재와 신경의 곤두섬, 무한경쟁으로 휴일 없는 제작, 배포(방송) 등으로 일반인들이 흔히 부러워하는 언론종사자들은 남의 고통과 어려움은 해결하고자 애쓰면서도 정작 자신의 고통은 호소조차 못 해온 것이 오늘의 현실이다.

"일요일을 되찾자!", "휴일을 돌려다오!", "애들의 얼굴이 보고 싶다."

휴일도 없이 매일 쏟아지는 지면과 화면, 소리 뒤에는 이처럼 고달프고 일그러진 언론노동자들의 얼굴이 숨어 있는 것이다.

언론노동자들의 이 같은 참담한 모습은 과거 언론 통제시대에서 비롯된 언론 자본가(사용자)들의 노동에 대한 인식이 개혁의 시대에서도 바뀌지 않고 있음에 기인한다. 휴식을 소비나 비생산적인 것으로 보는 풍토가 변하지 않고 있기 때문이다.

매체의 제작 기술이 날로 발달하고 있다. 그러나 아무리 매체가 발달하더라도 신문이나 방송을 제작하는 것은 역시 언론노동자이다. 언론인이 어떻게 노동자일 수 있느냐 하는 반문은 오늘의 언론 강도를 잘 모른 데서 온 것이다. 최근 모 신문은 이틀 동안 무려 30시간의 노동을 강요했고 모 방송국의 경우 부족한 기자들을 충원하지 않고 당직근무를 시켜 노동부의 근로기준법까지 위반하고 있다는 비판도 일고 있다.

앞서 언급했듯 일의 질을 향상시키기 위해서는 노동 주체의 일에 대한 만족도가 중요하다. 깊이 없는 기사와 양적 확대로 저질화로 치닫고 있는 오늘의 언론에서 독자나 시청자들이 얻는 것은 과연 무엇일까?

누적된 피로로 감시자의 눈이 흐려지고 필봉이 무디어진다면 그것은 과연 누구의 책임인가? 휴식은 낭비가 아닌 확대 재생산의 첩경인 것이다. 언론노동자들에게 휴일을 되돌려주자!

(1993년 4월 22일 〈언론노보〉 193호)

개혁은 수단이 아니다

개혁의 시대에 자주 등장하는 용어 가운데 하나가 '인식의 전환'이다. 같은 사물이나 현상에 대해서도 생각이나 시각에 따라 달리 볼 수 있도록 인식을 바꾸라는 것이다. 이 같은 상황은 특히 변화의 바람이 불 때마다 쌍방이 아닌 일방적인 강요의 형태로 많이 나타난다.

이러한 인식의 주체는 무엇을 바꾸기 위해서는 스스로 바뀌지 않으면 안 되는 필연성을 지닌다. 자신은 바뀌지 않으면서 상대에 대해서는 인식의 전환을 강요할 때 논리의 비약이 나타나 설득력의 상실과 함께 지속성도 그만큼 약해진다.

김영삼 정부가 들어서면서부터 공직자의 재산공개와 더불어 각계각층으로 개혁의 바람이 불고 있다. 이 바람의 주체들은 재산공개의 경우 청문회보다 몇백 배의 효과를 가져왔다고들 의기양양하다. 하긴 윗물부터 맑아지기 시작하면 아랫물도 맑아지는 법이지만 윗물이 얼마 정도 맑아져야 하는지의 청정도가 숙제로 남는다. 이 청정도에 따라 개혁의 정도와 지속성이 성공할 수 있는지 없는지 관건이 된다. 용두사미가 될까 우려에서 나온 소리다.

그러나 정부 일각에서 나온 언론관에 대해서는 걱정부터 앞선다. 개혁을 가속화시키기 위해서는 국민들의 여론을 등에 업어야 하고 여론의 물 한가운데서 개혁을 성공시키기 위해서는 언론의 힘이 절대적으로 필요한 마당에 "비판적인 언론 때문에 자칫 개혁이 실패할 수도 있다"는 인식은 언론의 역할이나 기능에 대한 편협성을 보여준다.

목적이 정당하기 때문에 절차상의 오류나 하자에 대해서는 이의가 있을 수 없다는 시각은 과정을 중시하는 민주주의에서 극히 위험한 발상이기 때문이다. 따라서 공보처의 사이비 언론 근절대책이나 국세청의 언론사에 대한 세무조사 같은 것도 평상시의 사업절차에 따라 이뤄지면 그만인 것이다. 불특정 언론사를 겨냥해 사정의 칼을 들이대겠다고 미리 벼루는 것은 으름장에 다름 아니고 또 이 같은 관행에 익숙한 일부 언론사들은 '알아서 기는' 순치주의의 악습을 낳게 할 소지가 많다.

정부의 이 같은 '당근과 채찍'은 정부의 하는 일이 옳으니 무조건 따라야 한다는 획일적인 논리에 기인하는 것이고, 국민의 이름으로 엄격한 감시자 역할을 해야 할 언론이 절차상의 잘못만을 들춰내는 일은 정부를 축으로 '건강한 개혁'을 이루기 위한 '건강한 채찍' 역할과 배치되는 것이다.

또 언론 사주들의 재산공개 문제도 자율적으로 이뤄져야 한다. 일부 언론사들이 자율적인 재산공개 움직임을 보이고 있지만 아직 서로 눈치만 보는 모양이다. 언론 사주를 비롯한 언론사의 재산공개는 떳떳하면 드러내는 것이 생리다. 이러한 자율과 타율의 미묘한 한계는 서로의 눈치 보기나 타율을 빌미로 길들이기 식의 정부와 언론 간의 관행이 개혁시대에는 끝나야 하는 과제로 남아 있다. 또 언론사들의 불법, 비리, 부조리 부분에 대해서도 '다스리겠다'는 엄포보다는 통상적인 형법의 절차로 이뤄지는 것이 당연하다.

개혁을 빌미로 절차상의 하자도 무시될 수 있다는 인식은 개혁의 주체들이 흔히 이야기하는 '개방정책'과도 어긋나는 것으로 아프더라도 과감히 받아들이는 언론정책이 어느 때보다 필요한 시점이다.

(1993년 5월 8일 〈언론노보〉 195호)

노조, 인사 · 경영 참여 마땅

오늘의 노동조합운동은 원칙 면에서는 과거와 별반 차이가 없지만 형식 면에서는 다양한 양태로 나타나고 있다. 즉 노조는 결사의 자유로 가입한 조합원들의 권익옹호를 위해 존재하지만 사용자와의 협상에서 흔히 경영권에 속한다고 보는 인사 · 재산에 대해서도 교섭

대상을 요구하고 있는 것이다. 경직된 시각으로 보면 사용자의 고유 권한을 침범한다고 펄쩍 뛸 노릇이지만 노조의 입장에서는 인사·재산문제가 조합원의 근로조건과 관련될 때는 예사로 심각한 부분이 아니다. 누가 관리자가 되느냐에 따라 노동의 질이나 양적인 측면에 변화가 오고 회사의 수익이 임금에 영향을 미칠 때는 노동자들의 관심이 커질 수밖에 없기 때문이다.

이에 따라 진보적인 노조나 전향적인 노조 지도자들은 단체협상의 대상에 인사에 대한 노조의 참여와 재산·정보 공개 등을 요구하고 있고 오늘날 이 같은 요구는 노동계에 점차 확산되고 있는 추세이다.

협상 테이블에서 노조의 인사·경영권에 대한 참여는 언뜻 보면 간섭으로 들릴지 모르지만 회사와의 인식의 공유라는 대승적인 차원에서는 바람직한 것으로 받아들여져야 한다. 실제로 임금투쟁에서도 노동자들이 요구하는 것은 '없는 빵'을 내놓으라는 것이 아니고 빵이 얼마나 부족한가에 대한 솔직한 답변이 중요하고, 또 빵을 많이 만들면 그에 맞는 몫을 성실하게 나눠주는 태도를 더욱 중시한다.

노동조합운동의 모범이 되고 있는 독일의 '공동결정법(Co-determination law)'을 한번 보자. 1951년 서독의 광산·철강제조업 노조를 중심으로 만들어진 이 법은 노조와 사용자가 함께 결정하는 사항으로 근로조건과 인사·경영을 적시하고 있으며 이후 1972년에 대폭 개정되었으며 1976년에는 2천 명 이상의 사업장에는 법에 의한 경영참가를 보장하게 했다. 독일의 이 같은 노조 경영 참여제는 오늘에 이르러서는 과거 미국이 노조운동을 좌익운동으로 몰아친 매카

시 선풍과 관련해 사업경제 활동이 퇴조를 보이고 있는 것과 좋은 대조를 보인다.

특히 노조의 경영 참여 주장은 산업민주주의의 개방화 사회일수록 더욱 설득력을 갖는 것이어서 개혁시대에 주목할 부분이다. 그러나 언론노동운동의 발아기인 우리의 경우 어떤가?

빵 문제뿐 아니라 회사의 경영주가 바뀜으로써 노동의 질적인 변화가 가장 빠른 방송의 경우 노조의 인사·경영 참여는 너무나 당연하다. 1990년 4월 KBS 방송 민주화 투쟁은 정부에서 일방적으로 임명한 관제사장의 퇴진운동에서 비롯됐고, 1992년 MBC 파업도 해고자 복직이라는 회사의 인사파행에 맞선 것이었다.

방송노조의 이 같은 요구는 경영주의 임면권이 아직도 정부에 있고 전파를 국민의 것으로 돌려야 한다는 기본적인 인식에 기초한다.

그러나 최근 아폴로산업 파업과 관련한 노동부장관의 전향적인 발언에 대해 일부 언론사들이 보여준 비뚤어진 시각은 우리 언론계의 보수적인 성향을 유감없이 드러낸 것으로 판단돼 씁쓰레함을 감출 길이 없다.

노조가 건강해야 회사도 건강해진다는 사실을 명심하자.

(1993년 5월 22일 〈언론노보〉 197호)

부끄러운 언론 이제는 반성할 때

'혹세무민'의 대표적인 전달수단은 말이다. 예수의 희생도 유일신을 전파한 말 때문이었다. 그만큼 말의 잘못된 흐름은 어떤 살상무기보다 위험한 것이다. 따라서 언어를 업으로 삼는 신문이나 방송 등 언론매체들이 정론이나 방송의 공정성을 사시로 삼는 이유도 여기에 기인한다.

연맹이 최근 노보를 통해 조명해본 5·16, 12·12, 5·18의 언론
곡필 사례들을 보면서 최근 개혁과 관련한 백화제방식의 언론보도
와 대비해 격세지감을 느낀다. '광주폭동' 으로 소리 높여 매도한 신
문들이 있는가 하면 일부 신문사 기자들의 제작거부로 지면을 미처
다 못 채운 나름으로의 고민의 흔적도 보이고 있다. 역사의 격동기마
다 언론들이 보인 이 같은 형태는 폭력 앞에서는 어쩔 수 없다는 '아
세곡필론' 이 타당성을 갖는다. 그러나 우리 언론사가 비단 32년 전
이나 13년 전의 곡필로 그쳤는가? 지금은 민족지니 정론지라고 선전
해대는 유력지들도 알고 보면 친일의 바탕에서 출발해 오늘에 이르
고 있다.

최근 반민족문제 연구소의 한 연구원이 책으로 낸 바에 따르면 우
리 언론사의 새벽을 여는 굵직굵직한 언론 사주와 언론인들의 이름
이 등장해 우리를 경악케 한다. 대표적인 친일언론인 〈한성순보〉 주
필 장석주의 경우 3·1운동 당시 총독부에 '무력 소탕론' 을 건의하
고 있고, 이상협도 총독부 기관지인 〈매일신보〉를 비롯해 〈동아일
보〉, 〈조선일보〉를 전전하며 친일언론에 앞장섰다. 이 논문은 특히
〈동아일보〉의 초기 사주인 인촌 김성수의 경우 1943년에 "학도여,
성전에 나서라. 대의에 죽을 때 황민 됨의 책무는 크다"고 주창하고
있고 〈조선일보〉 사주 방응모는 사재를 들여 고사포를 구입해 일본
군에 기증했다고 지적하고 있다. 이 밖에 반민족문제 연구소의 근간
인 『친일파 99인』에는 친일 언론인으로 진학문, 장덕수, 서춘을 거명
하고 있으며 이인직, 주요한, 이광수, 최남선, 염상섭, 백철, 김동환
등도 일반인들이 알고 있는 친일 언론인 반열에 끼어 있다.

　우리의 이 같은 오욕의 언론사는 일제라는 거대한 폭력 앞에 언론이 시작된다는 시대구조와 맞물려 있지만 후세에 엄격히 검증을 받거나 민족정기 확립차원에서 단죄되지 않았다는 데서 사안의 심각성을 더해주고 있다. 추상적인 역사의 심판이 아닌 구체적인 검증 없는 언론의 이 같은 악역은 동시대인들의 상황인식을 흐려놓기 일쑤여서 시간을 그만큼 후퇴시키고 또한 정당하지 못한 폭력의 악순환을 반복시키는 해악을 끼치기 때문이다. 따라서 우리 민족은 과거사를 '잘 잊는', 관대한 민족성을 가졌다는 불명예도 뒤따르는 것이다.

　이러한 맥락에서 본다면 진상규명을 역사에 맡긴 5·18 광주민주화항쟁을 '폭동' 으로 매도한 언론이나 언론인들이 아직 건재하고 독재정권의 하수인 노릇을 한 언론인들이 아직도 언론사에 군림하는 오늘의 현실도 우연이 아니다.

　그러나 이런 와중에서도 최근 새로 출범한 일부 언론사 노조에서 '노조가 개혁의 주체가 될 것임' 을 천명한 일이라든지 내부의 비리 간부나 과거의 언론인 행적을 재조명해야 한다는 의견이 나오고 있는 것은 '아세곡필' 로 처세를 일관하는 언론인들이나 언론사에 일대 경종이 되고 있고, 언론의 곡필을 더 이상 방치해서는 안 된다는 시대정신에 걸맞은 '한 줄기 빛' 으로 해석된다.

(1993년 5월 29일 〈언론노보〉 198호)

문민정부 해직언론인 복직시켜라

1980년 언론통폐합을 앞두고 신군부가 자행한 '언론인 대량학살' 때의 일이다. 누구도 상상하지 못했던 국내 유력지의 지방지에로의 통폐합을 앞두고 정화바람이 일고 있었는데 기자들의 목을 잘라 갖다 바치는 악역을 담당한 이 회사의 한 간부는 평소 곧은 소리를 잘

하는 사람이나 자신과 사적인 감정이 있는 사람들을 우선 지목했다가 결국 자신의 목도 달아났다. 무소신이 빚은 참화이다.

신문이나 방송 사주들의 자율의 이름으로 시작된 이 언론통폐합은 1천 명에 가까운 언론인들이 직장에서 쫓겨났고 또 낯선 직장으로 옮겨간 무수한 언론인들이 인사상, 임금상 불이익을 감수하면서 응어리진 마음으로 현업에 종사하고 있다. 그 후 국회 청문회 때 이 언론인 학살의 주역들은 후안무치하게도 '기억이 잘 안 난다', '모르는 일이다' 등으로 진실규명을 피해 오늘에도 건재하고 있다.

가해자가 건재하고 피해자들이 원상회복이 되지 않는 이 사회가 과연 정의로운 사회인가? 잘못을 저지르고도 처벌이 되지 않는다면 또다시 그러한 만행이 일어나지 않는다고 누가 보장할 수 있겠는가? 사마천의 "하늘의 길, 과연 옳은가(天道 是也 非也)?"라는 의문이 새삼 제기되는 시점이다.

언론수난사에 대해 더 거슬러가 보자. 1974년 유신독재정권에 항거해 일어난 〈동아일보〉와 〈조선일보〉의 자유언론수호 투쟁은 134명과 33명의 해고자가 발생했고 상당수가 투옥되는 고초를 겪었다. 이들의 민주언론수호 투쟁은 1987년 언론사 노동조합 결성의 밑거름이 되었고 오늘에도 연대의 틀은 늦춰지지 않고 있다.

그러나 5공을 이은 6공의 군사정권도 언론장악의 끈을 늦추지 않아 경향신문, KBS, MBC, 평화방송 등이 언론민주화운동의 불을 지폈고 그 결과 또 무수한 언론인들이 해고, 투옥의 수난을 당했다. 언론 장악 기도→언론자유 수호 투쟁→언론인 해고, 투옥의 이러한 등식은 언론이 어느 특정집단의 점유물이 아니라 국민의 것임을 입증

하기 위한 양심적인 언론인들의 치열한 자기희생에서 출발한다.

따라서 언론노조운동도 이러한 언론인들의 희생을 바탕으로 민주언론실천을 골격으로 하고 있음은 지극히 당연하다. 언론의 자유는 수호와 실천의 두 의지가 결합돼 있기 때문이다. 개혁과 변화를 표방하고 나선 김영삼 정부의 출범과 함께 민주언론실천에 희생된 언론인들의 원상회복 요구가 높아지고 있다. 원상회복 촉구대회와 관련 부처 방문, 그리고 지난 4월 국회 청원 등이 그것이다. 또 지난 5월 '민주언론운동 사진전'에서는 많은 시민들이 TV화면에 익숙한 앳된 한 아나운서가 푸른 수의에 포승진 채 끌려가는 사진에 시선을 보내기도 했다. 이러한 움직임은 잘못된 것을 잘못됐다고 했다가 억울하게 희생된 과거의 관행을 바로잡아야 한다는 시대적인 소명의식에서 나온 것이며 김영삼 정부에 대해 거는 기대이기도 하다.

다행히 최근 해고 언론인들에 대한 원상회복 차원의 양심적인 판결과 함께 KBS, MBC의 해고자 복직 결정은 나머지 해고 언론인들에 대한 원상회복의 전망을 밝게 해주고 있다.

1975·80년 해직언론인 1천235명과 평화방송 해고자 27명 그리고 KBS가 마지막 과제로 남긴 희생양 강철구 기자를 비롯해 이 땅에 참언론을 위해 수난을 당한 수많은 언론인들은 아직도 응어리진 한을 안고 고통 속에 살아가고 있다.

(1993년 6월 5일 〈언론노보〉 199호)

언론이 개혁성패 가른다

–〈언론노보〉지령 200호에 부쳐

흔히 한 사람의 성숙도는 육체적인 연령에 대한 정신적인 연령과
비례된다. 짧은 연륜에 비해 성숙도가 지나칠 때 우리는 '조숙하다'
는 표현을 쓴다. 1988년 11월 창립한 언론노련은 그 연륜에 비해 주
위 환경에 대응하는 성숙도는 조숙하다는 자부를 갖고 있다. 특히 언

론노련의 기관지인 〈언론노보〉는 지령 200호를 맞아 여타 일간지들의 연륜에 비해 일천하지만 그 역할은 어느 때보다 커지고 있다.

1989년 1월 17일 창간호 1면 톱 제목은 '언론해방 투쟁 원년 선언'이다. 언론이 독재 권력에 종속되고 압제의 사슬에서 벗어나지 못하고 신음할 때 언론을 국민의 것으로 돌려주고 온갖 간섭과 압력에서 벗어나 해방돼야 함을 표방한 것이다. 언론해방의 구체적인 실천은 〈언론노보〉가 일방적인 선전 홍보물이 아니라 모든 언론노동자들의 논쟁의 마당으로써 투고와 제언, 제보가 당부됐음도 물론이다. 그 후 1991년 3월 22일 지령 100호 때는 〈언론노보〉 그 자체가 하나의 '언론노동 운동체'라는 정체성을 확립하고 "두려운 마음으로 100호를 펴낸다"고 고백하고 있다. 이 두려운 마음이란 외압에 대한 것이 아니라 역할과 기대에 대한 내부의 진지한 자세인 것이다.

그 당시 초대 편집 실장이었던 강기석 동지는 옥중서신을 통해 창간 당시는 '현실진단과 역사인식이 태부족한 순진한 때'였다고 전제하고 힘의 논리에 의해 언론노동운동이 일시 좌절했지만 언론의 민주화는 정직해야 하며 진실과 정의의 판단기준은 여전히 우리의 양심이라고 밝히고 있다. 해고와 투옥의 수난에서도 순수한 열정을 보여주는 강 동지의 이러한 표현은 오늘에도 여전히 유효하며 감동적이다. 언론노동운동은 이러한 순수성과 열정의 희생을 바탕으로 진보적인 발전이 가능하며 자기희생을 통한 언론 동지들의 헌신적인 노력으로 오늘에도 존립하고 있는 것이다.

1992년 12월은 이 땅의 언론민주화운동에 일대 획을 그은 사건으로 기록된다. 전국언론노동조합연맹이 대법원에 의해 합법적인 단체로 인정받은 것이다. 물론 어느 나라에도 진보적인 민주화운동이 불법으로 매도되는 사례가 있었지만 가장 보수적인 사법부가 언론노동조합의 상급단체인 언노련을 법적으로 인정한 것은 주목돼야 한다.

민주화운동의 요체인 언론민주화운동은 과거 군사독재정권 아래 탄압받고 해고되고 투옥된 수많은 양심적인 언론인들의 희생을 바탕으로 보다 조직적이고 체계적인 언론노동운동의 필요성이 강해졌고 그 결과 합법적인 언론노동조합운동이 가능해진 것이다. 따라서 언론의 자유와 민주화를 위해 언론노동조합이 구체적으로 실천하고 감시하는 역할의 가운데에 언노련이 존재하고 〈언론노보〉가 활력을 불어넣는 신경조직인 셈이다.

이제 언론을 둘러싼 주위 환경이 엄청나게 바뀌고 있다. 과거 군사독재정권이 언론을 강압으로 제도했다면 이제는 지능적인 방법으로 간섭하고 길들이기를 시도한다고 볼 수 있다. 그것은 신문이나 방송의 무한인가로 언론 생존경쟁을 통한 '살아남기'에 골몰하게 함으로써 언론의 고유기능을 망각케 하고 사이비 언론 척결의 미명 아래 언론의 약점을 잡아 교묘하게 언론 플레이를 꾀하려는 것을 지나쳐서는 안 된다. 또한 문민정부의 이름으로 행해지는 개혁정책에 찬양 일변도의 해바라기성 보도행태도 경계해야 한다. 언론의 건전한 비판만이 개혁의 성패가 가름된다는 사실을 잊기 쉬운 때이다.

이제 〈언론노보〉는 지령 200호를 맞아 새로 태어난다는 자세로 논지를 정리하고자 한다. 새로 태어난다 함은 잘 모르는 순진함에서 벗어나고자 함이다. 그것은 과거 우리의 투쟁이 물리력을 앞세운 무리한 권력과 사악한 일부 언론 사주들과의 싸움이었다면 이제는 언론의 속성을 누구보다 잘 아는 정권과 권력 지향적인 일부 언론 사주들로 바뀌었기 때문이다. 따라서 우리는 과거의 경험을 바탕으로 언론을 권력의 일방적인 점유에서 벗어난 진정한 국민의 것으로 되돌려주는 노력을 배가할 것이다. 이 노력은 비판과 견제의 원론적인 측면에서 이뤄지겠지만 때로는 건전한 정책대안도 제시될 것이다. 또한 〈언론노보〉에 대한 건전한 비판은 수용하되 여전한 '눈 흘겨보기'에 대해서는 시각 교정도 해나갈 것이다. 〈언론노보〉의 이 같은 보도방향은 특히 '언론의 언론'이라는 역할의 특수성 때문에 우리 내부의 치부나 오류 등에 대해서도 과감히 햇빛 바라기를 해 치유해 나갈 것이다.

그러나 이러한 다짐보다 더욱 중요한 것은 〈언론노보〉가 몇몇 사람만이 만드는 전문지가 아니라 조합원들의 다양한 의견을 수렴하고 참여시키는 모두의 신문임을 잊지 않고 있다.

더구나 연맹이 민주노조 진영에서 차지하는 비중을 볼 때 민주적인 노동운동을 지원하고 연대의 틀을 강화하는 데에도 이바지하고자 한다.

〈언론노보〉 제작의 강력한 추진력은 순수한 열정을 바탕으로 한 우리의 양심임을 기억하자.

(1993년 6월 12일 〈언론노보〉 200호)

노동정책 후진성 언제까지

운동의 수학적 원리는 속도와 방향이 있어야 한다는 것이다. 속도
와 방향성의 원리는 노동운동에도 그대로 적용돼 현재 문민정부로
자처하는 김영삼 정권을 탄생시킨 과거 민주화운동의 핵심 요체이
기도 했다. 따라서 새 정부 출범 당시 어느 단체나 조직보다도 노동

계가 더 반기고 기대도 컸다. 반기는 것은 사회 전반의 개혁에 대한 열망이고 기대는 YH사건 등에서 대통령 자신이 체험했을 노동정책의 진보적인 개혁이다.

이 때문에 정권 출범 당시 노동조합을 비롯한 모든 노동계가 숨죽여 지켜봤고 일부에서는 이를 '산업평화'로 부르기도 했다. 그러나 출범 100일을 넘기면서 노사관계가 긴장과 갈등으로 치닫고 있고 일부 사업장에서는 교섭시기가 겹쳐 쟁의 발생 신고를 하는 곳도 늘고 있다. 이를 두고 언론들은 '불법파업' 운운하며 사안을 침소봉대하고 있다. 도대체 파업에 불법이 있고 합법이 있다는 논리는 어디에 근거한 것인가?

더구나 노동부에서 쟁의발생 건수가 지난해보다 줄었다고 누누이 해명하는데도 언론들이 늘었다고 몰아치는 작태는 무엇인가? 알다시피 노동조합의 유일한 무기는 파업행위이고 단체행동권은 법적으로 보장돼 있는 것이다. 현대 사태로 대표되는 작금의 노사분규는 합법적인 절차에 따라 이뤄지고 있다. 또 당국이 문제 삼고 있는 '제삼자 개입'도 노동운동의 속성상 연대투쟁의 불가피성을 일깨워주는 것으로 5공 시절 마련된 대표적인 악법이다. 따라서 이인제 노동부장관이 들어서면서 이 조항을 없애겠다고 장담했다가 슬그머니 거두고 말았고 강경대응으로 공안정국 분위기를 만들고 있다. 합법적인 쟁의행위에 대해 사법당국이 공권력을 즐겨 투입하는 행위에 대해 진보적인 노동계에서는 이것 또한 '제삼자 개입'이라고 맞서고 있다.

이러한 상황에서 현 정권의 개혁의 상징으로 떠올랐던 노동부장관이 현대 사태와 관련해 일련의 노동개혁 정책을 퇴보시킬 조짐을 보이고 있다. 개혁과 관련해 숨죽였던 정계와 재계, 언론계 내부의 수구세력들이 경제위기를 들먹이며 힘의 논리로 몰아친 결과라는 시각이 지배적이다. 이와 함께 보수적인 수구세력들은 불법이라는 빌미로 진보적인 노동단체들의 탄압에 나서고 있다. 전노협을 비롯해 전국노동조합 대표자 회의의 핵심 인사와 노동연구가들의 족쇄를 채우고자 하는 것이다. 지극히 보수 반동적인 이러한 과거로의 회귀는 개혁을 표방하는 현 정부의 허구성을 보여주는 단면으로 사용자의 이익에 급급했던 과거 군사정권과의 차별성이 없다는 비판과, 개혁의 성패와 관련해서도 우려를 금할 수 없다.

삼자 개입 금지, 복수노조 불인정, 전교조와 공무원 노동조합 불허 등 후진성을 면치 못하고 있는 우리의 노동정책은 과연 언제 개혁될 것인가? 지난해 국제노동기구(ILO)의 경고를 기억해야 할 때이다.

노동부는 좀 더 멀리 보라.

(1993년 7월 8일 〈언론노보〉 204호)

앞뒤 바뀐 방송개편 논의

방송전파는 제한돼 있다는 것은 주지의 사실이다. 특히 현대의 매체 총아인 TV의 경우 초단파나 극초단파로 방송이 가능하기 때문에 주파수가 극히 한정돼 있어 TV방송국 개국에 따른 채널 할당이 정부통제 아래 더 엄격해져 있다. 따라서 전파는 어느 특정집단의 이

익보다는 공익차원에서 관리돼야 할 당위성이 성립된다.

우리나라는 현재 TV 3사에 4개 채널이 운용되고 있으며 이 가운데 KBS와 MBC는 공영방송체제로, SBS는 상업방송으로 양분돼 있다. 5공 시절까지 TV방송이 공영체제로 오다가 6공 들어 숱한 방송인들의 반발과 저항 속에 방송악법을 '날치기 통과' 시켜 SBS를 탄생시킨 것이다.

이에 따라 우리의 방송환경은 공영과 민영이라는 양 갈래로 존재했으며 결과적으로 시청률 경쟁만 치열해져 프로그램의 '하향평준화' 만 가져왔다. 6공의 SBS방송악법은 특정집단의 이익을 대변하는 민영방송국 탄생 외에는 방송의 공익성을 도외시했다는 비난을 면치 못하게 됐다.

이러한 분위기에서 새로운 '방송구도개편' 설이 심심찮게 흘러나온다. 내용인 즉 KBS 양 채널을 분리시켜 2TV를 민영방송으로 하고 MBC도 역시 민영으로 매각하며 지역에도 계열사 형태의 새로운 민영방송을 허용한다는 것 등이다. 물론 이러한 설은 어디까지나 설에 지나지 않지만 '그렇게 될까' 우려하는 쪽에서 뒷받침하는 이야기도 상당 부분 설득력을 가지는 게 사실이다. 또 방송노조 일각에서는 과거 역대 정권이 설마 하던 일을 정말로 했다는 경험담까지 비추고 있기도 하다.

이러한 시점에서 우리는 현 정부의 방송정책 입안자들과 결정자들에게 확연히 물어볼 게 있다. 과연 현 정부는 공영방송에 대한 의지가 확실한가? 왜냐하면 방송환경의 변화를 구실로 일부 재벌을 비롯한 상당수의 자본들이 TV채널의 소유를 강력히 바라고 있고, 또

정권이 바뀔 때마다 TV 장악을 꿈꾸는 권력의 의도나 자본의 로비가 만만치 않았기 때문이다.

우리는 여기서 방송환경의 변화에 따른 뉴미디어의 출현과 국제적으로 상업방송 시대로 가고 있음을 부인하지는 않는다. 그러나 우리처럼 좁은 전파영역에 분단된 상황에서 전파관리는 TV방송의 공영화가 필수적이라는 전제 아래 영국의 예를 대안으로 제시하고자 한다.

영국은 공영방송인 BBC와 상업방송인 IBA로 이원화돼 있지만 IBA가 공영방송과의 경쟁을 위한 경쟁이라기보다는 통제된 경쟁을 통해 방송의 공공성을 지키고 있다는 것이다. 따라서 우리의 TV방송은 공영방송인 KBS와 MBC 양 방송은 무리한 시청률 경쟁보다는 공영방송으로써 프로그램의 질적 향상을 통한 선의의 경쟁이 급선무다. 최근 MBC PD들의 '좋은 프로그램 만들기 모임'은 방송제작자들에게 신선한 충격을 주고 있다.

(1993년 7월 16일 〈언론노보〉 205호)

노동정책 변한 게 없다

노동조합의 존립근거는 조합원의 이익을 대변하는 데 있다. 조합원들의 공통된 소망을 저버리고 노조가 추상적인 행보를 하면 구심점이 약해지고 추진력 또한 없어지는 것은 불을 보듯 뻔하다. 이처럼 이익집단인 노조의 성격을 외면한 노동정책 또한 공허할 수밖에 없

다. 노동정책의 현실적인 시행은 근본적인 논리의 건강성과 함께 개혁의 의지가 굳건할 때 신뢰할 수 있는 것이다. 우리는 현대의 노사분규로 대표되는 오늘의 노동정책을 보면서 몇 가지 의문점을 제기하지 않을 수 없다.

첫째는 임금부분이다. 개혁과 변화를 표방한 김영삼 정부는 출범 당시부터 노사 간의 자율협상을 강조했다. 변화라기보다 당연한 것이다. 조합원들의 이익을 대변하는 노조는 사측과 법적으로 보장된 교섭권에 의해 어디까지나 자율적인 분위기에서 임금 인상폭을 결정하는 것이다. 그런데도 불구하고 정부는 경총과 노총이 담합한 이른바 가이드라인으로 4.7% 인상안을 강요하고 있다. 논리적인 근거는 '고통분담'을 들먹이고 있다. 도대체 누구를 위한 고통분담론인가. 노사 간의 교섭현실을 무시한 이러한 임금인상안은 자율적인 교섭을 가로막은 타율적인 성격이 강한 것이고 자칫 가진 자인 사측의 입장만 두둔하게 마련이다.

둘째, '삼자 개입'이라는 악법의 재현이다. 정부는 현대라는 거대기업의 속성상 노조가 공동 대응할 수밖에 없는 현총련을 삼자 개입으로 단정해 와해시키려 하고 있다. 노조는 조직의 필요에 따라 연대하는 특징을 갖고 있다. 정주영이라는 개인의 왕국인 현대에 대응하는 노조는 계열사 간의 교섭의 편의에 따라 공동대응 할 수밖에 없는 것이다. 그럼에도 현대그룹의 공동대응기구인 현총련을 불법단체로 몰아붙여 와해시키려 하고 있다.

셋째, 극한적인 '긴급조정권'의 발효이다. 노동현장에서는 공권력에 의한 계엄령과 다를 바 없는 긴급조정권을 군사독재정권도 아닌 문민정부가 들고 나온 것이다. 노조가 마지막으로 행사할 수 있는 단체행동권인 파업을 불법으로 무력화시키는 긴급조정권은 노사 간의 자율협상을 가로막는 극한처방으로 건국 이래 두 번째로 발동된 것은 이미 알려져 있다.

노동부장관은 최근 보고에서 긴급조정권까지 발동된 데 대해 자신의 '무능' 을 고백한 바 있다. 그러면 누가 이 긴급조정권이란 '극약처방' 을 한 것인가. 노동계에서는 이러한 발상을 바로 사측의 입장을 대변하는 수구세력의 아이디어로 보고 있다.

월평균 기본급이 10년차 근로자의 경우 54만 원에도 못 미치는 임금체계 때문에 생산실적에 따라 조금 더 받겠다는 요구를 고통분담론으로 가로막고 자율교섭을 타율로 강요하는 현 노동정책은 잘못돼도 많이 잘못되고 있음을 눈여겨보면 알 수 있다. 그럼에도 사측의 성실한 교섭 자세를 인내로 촉구하는 현대노조는 눈물겨운 이 땅의 노동현실이다.

(1993년 7월 22일 〈언론노보〉 206호)

언론 다양한 목소리 내라

민주주의 사회는 다양성의 사회이다. 따라서 그 사회 구성원들의 다양한 목소리가 합목적으로 모아질 때 백성이 주인인 국가의 역량이 올바르게 발휘된다. 과거 우리의 사회는 '국론 분열' 운운하며 이 다양성을 깔아뭉갠 암울한 시기가 있었다. 지배논리에 편승한 언론

들이 다양한 여론을 반영하지 않고 오로지 획일적인 논조로 권력층과 가진 자들의 입맛에 연연했다. 그 결과 평화의 댐이라는 '허구의 댐'을 만들 때만 해도 언론인들이 앞다투어 북한의 수공위협을 한 목소리로 떠들기 시작했고 TV화면은 국회와 63빌딩이 물에 잠기는 공포를 연출했다. 감사원이 댐 조성비와 기획과정을 감사하고 있지만 보도에 앞장섰던 책임자들은 아무 말이 없다. 사과는커녕 새로운 한 목소리 내기에 열을 올리고 있다. 과거의 잘못에 대한 사과와 반성 없이 또다시 새로운 오류를 반복하는 언론의 이 같은 '카멜레온'은 어디에서 기인하는가? 바로 정권의 언론 길들이기와 언론 내부의 기득권 옹호가 맞아 떨어지기 때문이다.

일제 때로부터 거슬러 올라가는 이 땅의 언론자본과 무력으로 정권을 장악한 권력층의 비정통성이 맞물려 형성한 거대한 보수성향의 기득권 계층은 이제 어떤 정통성을 가진 정치도 타파하기 어려울 정도로 두꺼운 벽을 만들었다. 이러한 구조적인 모순은 따라서 개혁이니 사회정의니 하는 구호도 실현 불가능한 쪽으로 기울고 있다는 느낌이다. 비근한 예로 최근의 노사분규를 보자. 일부 개혁적인 노동정책도 자본이 내세우는 경제위기에 몰려 쑥 들어가고 말았다. 도대체 언제 언론이 이 땅의 근로자들이 처한 근로환경과 임금실태를 있는 그대로 솔직히 알린 적이 있는가.

현대자동차 근로자들이 받는 임금이 다른 동종업체의 것과 비교해 열악하다는 보도는 눈을 씻고 봐도 없다. 또 최근의 토지초과이득세 부과에 대해서도 언론들이 일제히 반대하는 입장을 취하고 있는 것도 그렇다. 땅을 많이 가짐으로써 얻어지는 이득에 대해서는 그만

큼의 세금을 내야 하는 것은 극히 당연한 이치다. 그럼에도 시행과정
상 드러나는 몇 가지 문제만으로 토지공개념 제도 자체를 뒤엎어버
리려는 언론의 태도는 위험을 넘어서 어떤 폭력성까지도 느껴진다.
힘 있는, 가진 자의 입장만 두둔하는 언론이야말로 민주주의 정의사
회를 표방하는 국가에서 가장 반민주적이고 정의에 반하는 존재이
기 때문이다.

　복지국가의 상징인 스웨덴의 경우 세금을 많이 내는 사람일수록
스스로 애국자임을 자랑으로 여기고 있다는 사실에 대해 우리의 가
진 자들은 어떻게 말할 수 있을 것인가.

　민주주의를 실현하는 요체인 언론은 다양한 목소리 즉 노동자, 농
민, 도시빈민, 억울한 사람, 핍박받는 사람들에 대해서도 양적인 배
분이 아닌 사실과 진실의 측면에서 과감한 보도를 할 때만이 반개혁
적이고 수구보수 세력이라는 오명에서 벗어날 수 있다.

(1993년 7월 29일 〈언론노보〉 207호)

언론도 '부끄러운 과거' 반성하라

우리말 '얼굴'은 '얼이 들어 있는 굴'이라는 뜻이라 한다. 우리 조상들은 이처럼 오늘날 외형적인 모습으로 쓰이는 얼굴조차도 얼을 중요시하고 있다.

개인의 정신의 결정체인 얼뿐만 아니라 거레의 얼은 더욱 소중한 것이다. 반만년 넘게 면면히 내려온 배달겨레의 얼은 그러나 1910년을 앞뒤로 해 산산이 부서지고 말았다. 그 자리에는 양이(洋夷)와 왜(倭)의 '얼 아닌 얼' 이 차지한 것이다.

이처럼 한 민족의 정체성을 해치는 얼의 변질이나 자리바꿈은 물론 내부의 문제도 많지만 외부의 물리력에 의한 강압적인 문화정책에 의한 것임은 알려진 사실이다. 여기에도 진단학회로 대표되는 친일사학자들에 의해 조작된 역사 왜곡도 한몫을 차지하고 있다.

일제로부터 해방된 지 48년이 지난 지금에도 굽은 역사가 고쳐지지 않은 이유는 어디에 있는가. 바로 이러한 심각성을 가장 널리 알려야 할 언론이 외면하고 있는 까닭이다. 언론이 우리의 얼을 가리고 있는 문화의 식민지화를 걷어내지 못하는 것은 이른바 민족지라고 자칭하는 일부 신문들의 뿌리가 바로 친일에 있기 때문이다.

최근 국회 보사위에서 보훈처가 밝힌 8명의 독립유공 재심자 명단은 우리에게 충격을 주고 있다. 이 가운데 김성수는 그의 친일행각이 어느 정도 알려졌지만 윤치영, 이은상, 서춘의 경우 친일 언론매체를 통해 우리 민족을 일본에 귀속시키려는 논설, 강연을 일삼은 것으로 드러났다.

지식인들의 이 같은 변절과 친일행각은 자칫 그 당시로서는 어쩔 수 없었다는 논리가 성립될 수도 있다. 그러나 그들이 사회지도층 인사였고 민족 계몽자로 자처하며 독립유공자로 대접을 받고 있는 데 문제가 있다. 친일행각을 벌이면서도 온갖 기회주의적인 작태로 명가를 이룬 그들과 온갖 고초를 겪으면서도 독립운동을 하다 가산을 탕진하고 가문이 스러진 이름 없는 유공자들이 상존하는 우리의 역사에서 과연 민족정기가 살아있다 할 수 있겠는가. 이에 따라 후손들은 명예로운 살신성인보다 기회주의적인 입신영달을 배울 게 빤하기 때문이다.

선우휘의 단편소설 「묵시록」에는 일제 때 상당수 지식인들이 친일에 앞장서고 있는데도 끝내 작가의 양심을 저버릴 수 없어 입을 다물고 벙어리 흉내를 내다 끝내 실어증에 빠지는 한 지식인의 고뇌가 그려져 있다. 지식인이나 문필가(언론인 포함)는 적어도 그가 사회에 끼치는 영향력 때문에 옳지 못한 일에는 차라리 입을 다물지언정 변절을 해서는 안 되는 당위성이 여기에서 나온다.

최근 외형적으로는 민족정기를 되찾기 위한 노력들이 돋보인다. 옛 총독부와 총독 관사를 헌다는 것이다. 일제는 풍수지리에 근거해 우리의 지맥을 끊고 그들의 구조물들을 세웠다. 그러나 그들의 이 같은 민족정기 말살은 외형에 그치지 않고 우리의 얼을 죽이는 일에 더 광분했음은 알려진 사실이다. 더구나 친일 사학자들이 만든 역사를 후손들이 아직도 배우고 있지 않은가. 이 같은 민족정기의 오염은 역사의 수정과 함께 대중의식 조작에 앞장서온 친일 언론인들에 대한 진상규명과 철저한 응징이 있을 때만이 바로잡을 수 있다.

더구나 현 정권의 개혁은 바로 친일 독립유공자들의 재심을 통한 옥석을 가려내는 작업이 뒤따를 때 문민정부의 정통성을 확립할 수 있다.

(1993년 8월 14일 〈언론노보〉 208호)

'브레이크…'는 신기회주의자 변명

우리 사회의 최고 엘리트 직군에 속하는 검사는 그들의 '큰 칼'
역할 때문에 선망의 대상이다. 따라서 이 땅의 수많은 법학도들이 아
직도 머리를 싸매고 고시준비에 열중하고 있다. 그러나 막상 '하늘
의 별'을 따고 검찰관으로 입문해보면 상황은 달라진다. 군대조직

이상의 철저한 상명하복 체계로 개인의 소신이나 정의감을 발휘하기가 어려워진다. 이른바 검찰 동일체 원칙이 엄존하기 때문이다. 이러한 조직의 특성상 검사들은 윗사람 지시나 눈치 보기에 급급하고 수사도 윗사람들의 분위기에 따라 달라진다. 또 초임 검사들이 그들이 말하는 '로열박스(수도권)' 에 진입하기 위해서는 학연이나 지연의 끈으로 기회주의적인 처신을 일삼는다.

최근 항간에는 이러한 검찰의 기회주의적인 작태를 그대로 보여주는 책이 나와 화제가 되고 있는 모양이다. 이름도 괴상한 외제차를 본뜬 『브레이크 없는 벤츠』다. 잘나가는 벤츠가 브레이크가 없다니 이 무슨 소린가. 저자는 자신의 검사시절 저돌적인 수사버릇에서 나온 별명이라고 밝히고 있지만 책 내용은 전혀 딴판이다. 자신만 옳고 검찰 수뇌부를 비롯해 언론 등을 싸잡아 잘못했다고 매도하고 있다. 특히 이 책의 '초록카페' 부분은 왜곡과 허위의식이 과히 절정에 이른다. 앞서 본보기사도 지적했지만 신분을 밝히고 변태업소를 단속 중인 경찰에 손찌검까지 하고 경찰과 함께 취재 중인 TV기자들을 괴한으로 몰아붙이는 이러한 내용이야말로 적반하장이라 아니할 수 없다.

알려진 바로는 저자인 김용원 변호사의 이날 술자리는 그가 검사 재직 때 이름을 날린 부산지하철 본부장 사건을 맡은 변호사의 향응이었다. 법정에서 서로 다투는 관계에 있는 검사와 변호사가 어울려 변태업소에서 술을 마시는 것도 납득이 가지 않지만 그날 술자리를 '신년 단합회식' 으로 속이는 것도 아는 이들에게는 실소를 자아내게 한다. 그는 이 사건으로 그가 평소 꿈꾸던 검찰총장은커녕 검사로서도 옷을 벗고 말았다. 브레이크 없는 벤츠가 멈춘 것이다.

이에 대단히 화가 난 저자는 그날 담당 취재기자를 파렴치범으로 몰아 옷을 벗기는 중요한 역할을 한다. 취재기자에게 돈을 주었다고 주장하는 한원식 씨와 여러 차례 시외통화를 한 기록지가 이를 입증한다. 그는 그 후 한원식 씨가 200억 원대의 돈을 횡령한 혐의로 구속되자 그를 변론하는 악역을 맡았다. 어처구니없는 일이다. 그럼에도 불구하고 그는 5공과 6공 비리를 수사할 특별검사제가 도입되면 자신이 제격이라고 주장하고 있다는 것이다. 검사로 재직할 때는 아무 말 않고 있다가 쫓겨나자 자신의 조직을 비난하는 극히 비윤리적인 모습을 드러내고 있다.

자신을 과장되게 부추기고 남을 비난하는 내용으로 점철된 이 책은 그러나 속속들이 내용을 잘 모르는 언론들이 앞다투어 화제의 책으로 보도해 독자들을 현혹시키고 있다고 한다. 공명심에 들떴던 한 검사가 보여주는 이러한 기회주의적인 악역은 최근 정권이 바뀌면서 과거의 행적을 감춘 채 권력에 부침하고 있는 새로운 기회주의자들의 모습을 대표해 보여주는 이 시대의 아이러니다.

(1993년 8월 21일 〈언론노보〉 209호)

새 매체 건전한 비판 깃들어야

이 시대 언론인의 역할은 무엇일까. '무관의 제왕'이니 '사회의 목탁'이니 하는 고전적인 뜻을 제외하고 말이다. 언론인의 역할에 대해 생각해보고자 함은 사회적인 지위나 위치에 맞는 일을 언론인들이 과연 하고 있느냐는 물음과도 통한다. 더욱이 언론인들이 창출

하는 여론에 대해 이를 보고 읽는 독자(시청자)들의 기대나 소망에 얼마나 가깝게 갈 수 있느냐는 역할의 정도 문제도 과제로 남는다.

오늘날 범람하는 정보의 홍수 속에서 언론인들이 과거의 '우국지 사형'으로 살아가기는 참으로 어렵다. 그러나 단순히 정보의 전달자로 남기에는 언론인의 역할이 막중하다. 따라서 무엇을 어떻게, 왜 전해야 하는가 하는 직업적인 전제가 있어야 한다. 이러한 전제의 지렛대는 물론 냉철한 비판정신이다. 비판은 사물이나 현상에 대해 본질을 파악할 수 있는 핵심이다. 이러한 정의는 감정이 개입된 비난과는 다르기 때문이다. 매일 쏟아지는 정보를 두고 엄격한 비판 시각을 갖기에는 양적인 한계가 있지만 적어도 여론매체에 종사하는 언론인으로서는 의식이나 시각 면에서 최소한 갖춰야 할 첫째 자질로서 비판정신이 자리한다. 그렇지 않을 경우 언론인이나 언론은 단순한 정보전달 그릇인 컴퓨터의 딱딱한 하드웨어에 지나지 않기 때문이다.

비판정신은 인간이 단순히 수동적인 존재가 아니라 능동적인 입장에서 조금 더 나아지려는 개선의지의 표상이다. 따라서 정부나 지방자치단체를 팽이에 비유하자면 언론이나 언론인은 팽이채에 해당된다. 팽이채는 팽이를 알맞게 쳐야만 잘 돌아간다. 너무 세게 치거나 치는 것을 게을리했을 때 팽이는 돌기를 멈추는 것이다.

최근 들어 활자매체를 비롯해 방송매체들이 늘거나 늘어날 것으로 보인다. 언론들의 양적인 팽창은 과거 군사독재 시절 언론을 수적으로 줄이면서 통제하던 분위기에 익숙한 이들에게는 혼란으로 비칠 우려도 있다.

아파트 입구마다 쌓이는 신문 무가지들을 보며 일부에서는 '신문 공해'라고 하고 틀기만 하면 쏟아지는 저질 프로를 놓고 '방송공해'라고 일컫기도 한다. 그러나 이러한 언론매체의 증가에 대해 독자나 시청자들도 비판의식을 가져야 한다. 어떤 신문이나 방송이 자신에게 유익하고 올곧은가 하는 판단의 척도를 갖추어야 한다. 무조건 주는 대로 정보를 떠먹고 소화불량에 걸릴 게 아니라 가려가며 소화를 해야 하고 진실을 외면했을 때는 과감히 비판하는 수용자 운동이 필요한 것이다. 특히 자본의 논리에만 급급한 매체들에 대해서는 거부하는 것을 포함해서 말이다.

최근 해고자들을 주축으로 해고의 아픔을 딛고 국민이나 시민들을 주인으로 한 신문들의 창간이 늘고 있어 눈길을 끌고 있다. 〈한겨레신문〉을 비롯해 〈제민일보〉와 지난 24일 창간한 〈하나신문〉들이 그것이다. 이들 매체는 과거 잘못된 것을 고치려다 신분상의 불이익을 받고 뭔가 다른 새로운 언론을 지향한다는 공통점을 지니고 있다. 새롭다는 것은 없었던 것을 찾는 것이 아니라 낡은 옷을 벗는다는 뜻이리라.

그러기 위해서는 늘 깨어 있어야 하고 열려 있어야 한다. 또 거기에 종사하는 언론인들의 건강하고 충실한 비판의식이 깃들어 있어야 함도 물론이다.

(1993년 8월 26일 〈언론노보〉 210호)

'벙어리 언론' 7년 전의 슬픈 역사

역사는 왜 존재하는가. 바로 과거를 돌이켜 발전적인 미래를 기약
하는 시간의 거울이기 때문이다. 과거가 단지 흘러간 시간으로 남을
뿐이라면 우리는 기억의 망각 속에서 단절된 삶을 살 수밖에 없다.
따라서 낙관적인 역사의 미래는 과거의 올바른 인식에서 출발해 '정반합(正反合)’의 우여곡절을 겪으면서 나선형의 발전선상에 역사의 주체들이 놓일 때 가능해진다.

1986년 가을부터 1년여 동안 온 나라를 공포의 도가니에 몰아넣은 ‘평화의 댐’ 사건은 7년 만에 그 허구성이 낱낱이 드러나고 있다. 북한이 건설 중인 금강산댐의 200억 톤의 물이 한꺼번에 쏟아져 나올 경우 수도권 13개 시, 군이 물에 잠기게 된다는 가공할 만한 내용이었다. 이에 따라 당시 전두환 정권은 이에 대응하기 위한 ‘평화의 댐’이라는 대응 댐을 만들기로 했고 6천억 원의 엄청난 건설비 가운데 상당액을 국민성금으로 충당하기로 했다. 이의 분위기 조성을 위해 신문은 물론이고 TV방송도 국회의사당이 물에 잠기고 63빌딩도 허리 가까이 물에 차는 가상 상황을 모형도를 이용해 연일 방송을 하고 있었다. 또 방송사는 앞다투어 성금모금 방송에 나섰고 이 대열에 상당수의 초등학생들이 저금통을 들고 참여했다.

특히 수도권을 제외한 대부분의 지역민들도 자신들이 직접 겪을 상황이 아닌데도 전체적인 위기에 동참한다는 차원에서 기꺼이 돈을 냈다. 그러나 의심이 많은 수도권 사람들은 너무나도 엄청난 가상 시나리오에 어리둥절해 가두 모금방송 중계차 앞에는 생방송 직전에 사람이 없어 혼이 났다는 방송인들의 후일담도 전해온다. 어쨌든 7년 전의 일치곤 너무나 기억이 생생한 이러한 해프닝들에서 언론의 대중조작이 얼마나 무서운가를 실감하는 좋은 사례이다.

합리적인 사고로 여론을 끌어가는 외국정부들이 우리의 이러한 소동을 바라보는 눈길이 어떠했는가를 생각하면 민망스럽기 짝이 없는 노릇이다. 더구나 당시 금강산댐의 실체를 취재하기 위해 화천댐을 찾은 한 기자는 화천댐 측에서 "금강산댐 물을 한꺼번에 방류해도 수위를 30m만 높이면 충분히 저수할 수 있다"는 사실을 밝혔는데도 당시 언론 상황에서 이를 보도할 수 없었노라고 고백하고 있다.

최근 감사원의 '평화의 댐' 건설과 관련한 감사에서는 5공 정권의 댐 건설의 배경이 국내 정치상황의 무마를 위해서였다는 보도를 접하면서 참으로 어처구니없고 참담해지기까지 한다.

사실과 진실을 표방하는 언론들이 하나같이 정부의 시나리오에 놀아난 꼴이 아닌가. 권위적인 독재정권이 제공하는 이러한 조작 시나리오에 언론들이 의심이 가는 부분을 지적하는 데 인색했음은 입이 열 개라도 할 말이 없음을 보여주는 것이다.

최근 이러한 허구성에 대해 참회하는 언론인들이 국민들에게 잇따라 사과문을 내고 있다. 과거에 대한 사과와 반성에 대해서는 당위성 때문에 받아들여야 한다. 그러나 이러한 사과문이 구두선(口頭禪)에 그칠까 우려한다. 왜냐하면 카멜레온의 속성을 지닌 언론은 또 다른 정권에 앞다투어 아부하는 모습을 이미 보이고 있기 때문이다. 올바른 역사의 미래는 과거에 대한 반성과 함께 다시는 그 같은 과오를 되풀이하지 않는 실천의지가 뒤따를 때만 가능하다.

(1993년 9월 4일 〈언론노보〉 211호)

부끄러운 언론 돌 던질 자격 있나

예수는 창녀를 규탄하는 무리들에게 "죄 없는 자만 돌로 쳐라"고 말했다. 예수의 이러한 논리는 '카이저의 것은 카이저로, 하나님의 것은 하나님에게' 식으로 고도의 임기응변도 강하지만 군중들의 의 표를 찌르는 연설로 복음화의 효과를 유감없이 발휘했다.

사람들이 살아가는 이 세상에는 온갖 부조리와 비리, 불의가 횡행하지만 가장 큰 죄악은 사회 지배계층의 권력이나 금력, 그 밖에 지위를 이용한 부조리라 할 수 있다. 오늘날 사회의 중요한 지배층으로 떠오른 언론의 부조리 문제도 이러한 차원에서 단죄돼야 한다.

산업사회를 벗어나면서 이른바 정보사회에서의 권력은 여론 주도층에서 나오게 된다는 것은 상식으로 돼 있다. 따라서 한 나라를 장악하려면 정보를 독점해야 하고 정보의 유통에 있어 가장 큰 역할을 하는 언론의 장악이야말로 지배 권력의 관건이 된다.

거리에서는 김영삼 정부의 탄생은 언론에 의해 가능해졌다고들 수군거린다. 이 같은 말은 현 정부가 언론에 가장 신경을 쓴다는 예측을 가능케 한다. 권력과 언론. 어떻게 보면 가장 원론적인 구조이기는 하지만 떼려야 뗄 수 없는 민주주의 사회에서의 숙명적인 관계이다. 따라서 언론은 이러한 관계에서 국민들로부터 엄격한 권력의 감시자로서의 역할이 담보돼야 하는 것은 필연이다.

예측한대로 김영삼 정부는 개혁의 첫 과업으로 금융실명제와 함께 공직자 재산공개를 시작했다. 현 정부의 의지의 잣대인 금융실명제 실시는 곧 공직자 재산공개로 이른바 '돈과 명예' 의 고리를 차단시키는 의도로 파악된다. 개혁의 전위부대들이 돈맛까지 들이면 개혁은 물거품이 될 것이 빤하기 때문이다. 따라서 이러한 작업은 '더러운 손이 더러운 손을 칠 수 없다' 는 등식과 함께 스스로 깨끗해지지 않으면 안 된다. 언론들은 금융실명제 실시 초기에 그의 부작용을 심각한 표정으로 노출시키려다 곧 이어진 공직자 재산공개에 대해 잇따라 부정한 공직자들을 들추기에 정신이 없다. 새 정부가 하는 일에 찬양 일변도로 나가다가도 언론 사주들의 이해관계가 엇갈리면 금방 태도를 바꾸는 언론들. 이러한 양면성에 대해 보다 엄격한 검증이 필요해진다.

6공 정권에 의해 우후죽순처럼 쏟아져 나온 언론들 가운데는 자본과 편집이 구분이 안 되는 언론사들이 상당수다. 또 기존 언론사들 가운데도 자본이 대를 이어 편집을 독점하는 언론사들도 많다. 자본의 논리가 편집과정을 통해 미화되는 구조적인 모순은 개혁시대에도 여전히 여론을 좌지우지한다는 속성 때문에 구태가 계속된다. 언론재벌, 종교재벌, 사기업 재벌들이 끊임없이 언론을 장악하거나 방계회사의 방패막이로 악용되는 풍토에서 언론의 정도는 과연 가능한가.

최근 정부투자기관인 KBS 사장의 재산공개를 시작으로 언론 사주나 언론인들의 재산공개에 대해 또다시 국민들의 시선이 따갑다. 왜 언론 사주나 언론인들의 재산이 공개돼야 하는가. 그것은 공직자가 재산에 의연해야 하듯이 국민의 여론을 주도하는 언론도 자본에 대해 떳떳해야 하기 때문이다. 그러나 대부분의 언론 사주나 언론사 간부들은 서로 눈치만 보거나 먼 산 바라보기 식이다. 남의 잘못에 대해서는 용감하면서 스스로의 치부나 부끄러움에 대해서는 약한 언론. 죄 있는 자가 돌을 던지는 꼴이 아닌가. 공직자 재산 문제를 다루는 언론은 스스로 깨끗해져야 한다.

(1993년 9월 11일 〈언론노보〉 212호)

생중계 무산··· 국회·언론 뒷걸음질

국회는 국민의 대의기구로서 당리당략을 떠나 투명성과 엄정성이 있어야 한다. 국회를 '민의의 전당' 이라고 부르는 이유도 여기에 있다. 국민들의 뜻을 대변하는 국회는 따라서 국정을 논의하는 과정을 투명하게 보여줘야 하며 국민들이 궁금하게 여기는 문제나 의심을

가지는 부분은 엄격하게 따져 알려줘야 한다. 원론적인 이야기기는 하지만 이러한 부분을 소홀히 취급하거나 두루뭉술하게 넘어갈 때 이미 국민의 대표기관으로서의 기능은 상실한 것이다. 직무유기에 가까운 이러한 이미지들이 누적됐을 때의 결과는 선거를 통해 준엄한 심판이 내려진다는 것은 자명하다.

우리는 지난 1988년 5공 청문회와 TV 생중계를 통해 위와 같은 국회의 기능과 엄정성을 맛본 바 있다. 물론 큰 역사적인 분수령을 넘긴 뒤의 과거청산의 필요성과 함께 말이다. 그러나 우리가 일찍 경험하지 못한 국회청문회도 철저한 과거청산이 이뤄지지 않은 아쉬움을 남겼다. 과거청산에 대한 이러한 미해결의 장은 어제오늘의 일이 아니고 과거 일제에 빌붙은 반민족주의자들에 대한 어정쩡한 심판 사례도 있다.

흔히 역사의 이 같은 오류에 대해 혹자들은 '잊기를 잘하는 우리 민족성'에 근거를 두기도 한다. 과연 잘못된 역사에 대한 결과를 민족성에 둘만큼 우리의 의식구조는 취약한 것인가. 국민들로부터 대표성을 위임받은 선량들의 역할에 문제가 있었던 것은 아닌가. 이러한 문제제기에 대해 명확한 해답이 최근 있었다. 바로 5·6공 비리에 대한 국회의 국정감사와 이에 따른 TV 생중계 무산이 그것이다. 답은 빤한데도 전직 대통령들에 대한 증언청취와 추궁이 제대로 이뤄지지 않았고 TV 생중계도 없었다. 또 야당 쪽의 방송사에 대한 TV 생중계 요청도 거부됐고 일부 방송사의 중계시도도 국회 쪽의 거절로 제대로 이뤄지지 않았다.

국회 다수당과 방송사의 소극적인 자세가 맞물려 국민의 알권리가 묵살된 것이다. 어느 것 하나 제대로 이뤄지지 않은 결과는 곧바로 정치와 언론의 불신으로 이어진다. 물론 국회나 언론이 정부에 눈치 보는 시대는 지났지만 과거의 나쁜 관습이 이른바 문민정부 때에도 재연되고 있는 현실인 것이다.

알다시피 TV로 대표되는 방송매체는 동시성과 확장성, 신속성 등으로 현실이나 현장에 대한 전달기능이 어떤 매체보다 앞선다. 따라서 국회의 청문회를 비롯해 본회의 상임위원회 등에 대해서는 외국 선진국들의 TV 생중계는 상식이 되고 있다.

과거의 잘못에 대해 역사에 맡기자는 논리는 무엇인가. 곰곰이 따져보면 이러한 논리구조는 현실정치에서 인맥구조나 특정인의 뜻에 따른 것으로 공인으로서의 결단보다는 사적인 감정에 연유된 것으로 보인다. 잘못이 있는데도 덮어두자는 것은 결국 또 다른 잘못을 낳기에 이른다.

'사랑 없는 정의' 는 폭력이라고 혹자는 규정하는 것을 보면서 사랑은 진정 무엇이고 정의는 과연 무엇인가 의문에 쌓인다. 시시비비는 분명히 가려야 하고 과거청산은 잘못된 것을 엄격히 지적해 다시는 그 같은 잘못이 반복되지 않도록 국민들에게 보여주는 역할이 국회와 언론에 있다는 것을 실감한다.

(1993년 9월 16일 〈언론노보〉 213호)

민주언론 투쟁에서 실천으로

덥지 않은 여름이 계속되더니 며칠 전 내린 비로 아침저녁의 햇볕은 한결 따사하고 바람도 서늘해졌다. 이처럼 계절은 어김없이 바뀌는 단순성과 철저성을 가졌으나 자연과 함께 사는 인간의 심사는 단순하거나 철저하지 못하다.

기대가 크면 실망도 큰 법인가. 김영삼 정부가 출범하면서 온 국민들의 기대를 모았던 개혁조치들도 단계적인 발표가 있을 때마다 늘 미진한 구석을 남기고 있다. 특히 언론개혁 부분의 경우 재산공개도 자율의 원칙이 강조되면서 일부 언론사들의 소신 있는 '공개의사' 공표가 있음에도 불구하고 여전히 눈치 보기나 서로 미루기 식이다. 또 과거 군사독재 시절 언론자유를 수호하려다 쫓겨난 언론인들에 대한 원상회복과 명예회복도 차일피일 미뤄지고 있고 언론의 자정 운동도 과거로 회귀하려는 기미가 나타나고 있다.

알다시피 민주주의는 그리스 어원으로 따지자면 국민(Demos)에 의한 통치(Kratia)체제이다. 여기에서 중요한 어구는 전치사 '의한(by)' 이다. 현실정치에서 국민 모두에 의한 통치가 불가능하기 때문에 대표성을 가진 사람들에 의한 정치가 이뤄질 수밖에 없는 것이다. 따라서 민주언론도 언론을 매개체로 독자나 시청자에 의해 실현될 수밖에 없다.

최근 일고 있는 현실언론에 대한 수용자 운동도 이 같은 맥락에서 볼 수 있겠다. 어떤 사안이나 현상에 대한 여론의 반영은 매체를 통해 나타나게 되고 그 결과는 수용자의 반응을 통해 드러난다. 이 과정에서 여론의 반영을 책임지는 언론인은 분명 다수의 수용자를 대표하는 여론 지도층이라 할 수 있다. 그러나 대다수의 활자매체나 전파매체는 이 여론주도 기능을 아전인수 격으로 해석하고 있다. 이른바 매체의 '색깔론' 인데 수용자의 인기에 영합하는 이 같은 색깔론은 여론을 오도하거나 호도할 위험이 많아 우리가 추구하는 민주언론과 배치되는 것이다. 사회의 공기(公器)인 언론은 수용자에 영합하기보다 마땅히 올바른 여론을 형성해야 할 책임이 있다. 그럼에도 때에 따라 곳에 따라 논조를 바꿔가며 권력에 눈치 보거나 불특정 수용자들을 겨냥한 '조령모개' 식의 색깔변화로 독자층을 늘리거나 시청률 경쟁을 벌이는 것이 오늘의 언론현실이다.

1970~80년대가 언론의 자유를 수호하기 위한 투쟁기라면 1990년대는 민주언론 실천기라 할 수 있다. 군사독재 시절 권력으로부터 언론의 자유를 지키기 위해 흘린 숱한 언론인들의 피와 땀이 결실을 맺기 위해서는 민주언론을 위한 실천이 뒤따라야 하는 것이다. 그러나 이와 같은 연결고리는 최근 삐뚤어진 언론노동운동 의식으로 차단된 채 임금투쟁이나 근로조건 개선에 치우치고 있음을 솔직히 고백하지 않을 수 없다. 물론 언론노동조합은 조합원의 권익옹호를 위해 많은 조합원들을 대변해야 한다. 이와 함께 민주언론 실천을 위한 노력도 배가돼야 한다. 바로 여기에 언론노동조합의 중요한 존재이유가 실려 있다. 우리의 노동운동이 세인의 눈길을 끌고 있는 것은 매체의 활동에 대한 엄정한 감시역할과 함께 민주언론을 위한 실천의지를 기대하기 때문이다.

연맹이 최근 민실위(민주언론실천위원회) 활동을 재개한 것은 이 같은 맥락에서 연맹 '제2의 탄생'과 다름없다. 조합원들의 분발을 촉구한다.

(1993년 9월 23일 〈언론노보〉 214호)

'냄비언론'의 병폐

우리 고유의 음식은 역시 무쇠 솥에 끓여 뚝배기에 담아 먹는 것이 제 맛이다. 충분히 불기를 가해 쉬엄쉬엄 식는 솥에서 퍼낸 음식을 그릇째 먹는 맛에서 투박하지만 구수하고 얼큰한 우리의 맛깔이 살아난다. 그러나 냄비는 어딘가 얄팍한 모양에서부터 쉬 끓는 속성으

로 우리 고유의 음식을 해먹는 그릇으로는 적합하지 않다는 생각이
든다. 이웃 섬나라 사람들이 좋아하는 냄비우동이 연상돼서일까.

언제부터인가 우리 언론들과 현대인들의 속성을 이 '끓는 냄비'
에 잘 비유하고 있다. 특정 사안이나 사건이 있을 때 잘 흥분하나 빨
리 잊어버리는 것이 빨리 끓고 빨리 식어버리는 냄비와 비슷하기 때
문이리라. 그러나 냄비에서 끓이는 음식은 따끈따끈할 때는 맛이 있
지만 식어버리면 먹기가 퍽 곤란하다.

언론과 우리나라 사람들의 속성을 냄비에 비교하는 것은 흥분을
잘하고 빨리 잊어버리는 병폐가 여간 심각하지 않기 때문이다. 해마
다 대형사고가 날 때마다 '안전대책에 소홀' '소 잃고 외양간 고치
기' 운운하며 떠들던 언론들이 금방 또 다른 곳으로 관심을 돌리면
서 독자나 시청자들로 하여금 떠들던 일들을 잊어버리도록 강요하
고 있는 것이다. 그러다가 또 비슷한 사건이나 사고가 나면 똑같은
목소리로 흥분하기 시작하는 것이다.

이 같은 잘 잊어버리고 잘 흥분하는 언론에 익숙해진 사람들 역시
닮은 꼴로 지금을 살고 있다.

김영삼 정부 출범 이후 잇따라 터지는 육·해·공 대형 참사만 해
도 그렇다. 이러한 사고들이 마치 전에는 없었던 것처럼 흥분하는 여
론에 곤혹스러워진 정부 쪽은 민심수습 차원에서 국면전환을 검토
하고 있단다. 빨리 잊어버리도록 하기 위해 관심을 다른 곳으로 돌리
겠다는 뜻인가.

국민의 생명과 재산을 책임져야 할 정부가 근원적인 치유는 하지
않고 여론 돌리기에 급급하다면 제2의 '서해 페리호 침몰사고'는 얼

마든지 일어날 수 있다. 또 언론도 꾸준한 사회 환경 감시를 소홀히 하고 권력이나 정치권에만 예민하다면 사고책임의 진원지인 국민들의 망각증세를 심화시킬 우려도 있다.

이처럼 흥분, 생각, 흥분의 악순환은 어디에 연유하는가. 바로 과거의 잘못을 철저히 따져 다시는 그 같은 잘못이 생기지 않도록 제어하는 사회통합기구로써의 언론의 역할이 실종된 데서 비롯된다.

1979년 10월 16일 유신독재정권에 종언을 고하게 한 부마민중항쟁에 대해 최근 한 노작가는 "잘 흥분하고 쉽게 잊어버리는 민중의 속성을 그대로 드러낸 사건" 임을 밝힌 바 있다.

어디 잊어버린 사건이 이것뿐인가. 백범 암살, 거창 양민학살, 제주 4·3항쟁, 정인숙사건, 김대중 납치사건, 이내창 의문사, 강기훈 유서대필사건에 이르기까지 역사의 구비마다 꼬리를 물고 일어나는 의혹사건에 대해 진정 한 번이라도 제대로 규명하고 넘어간 적이 있었는가. 이루 헤아릴 수도 없이 수많은 실종사건들은 그때그때마다 정권이나 권력에 의해 은폐되고 호도되고 또 언론은 실체적인 진실 규명을 위한 끈질긴 집념보다는 '끓는 냄비' 로 쉽게 잊어버리는 역할만 반복했을 뿐이다.

역사의 진실을 생각하는 언론이나 국민은 그 역사에 의해 심판받을 수밖에 없다.

(1993년 10월 14일 〈언론노보〉 216호)

'공채사원 뒷조사' 당장 없애라

역사를 후대에 전하는 사가나 정치를 평하는 사간(司諫)의 자세는 어떤 것이어야 하나. 우리는 사가나 사간의 자세에 대해 말할 때 흔히 사마천의 궁형(宮刑)을 예로 든다. 남자로서 죽음보다 더한 치욕인 거세까지 당하면서 지켜야 했던 그의 편년체 역사와 열전은 하나의 고전에 속한다. 이처럼 사가나 사간의 자세를 재는 잣대는 죽음과

비교된다. 따라서 역사의 진실과 정치의 올바른 평가를 위해 죽음을 무릅쓰고 하는 언어를 사간(死諫)이라 한다. 그러면 오늘의 사가나 사간은 누구인가. 어렵지 않게 짐작되는 직업군이 바로 언론인이라 할 수 있다. 시대상황을 기록을 통해 전한다는 입장과 시시비비를 말로 통해 가린다는 입장에서 신문과 방송매체에 종사하는 사람들이 바로 오늘의 사가나 사간이라 할 수 있다.

이 땅의 언론인들은 초창기에는 일제로부터 독립을 위해 지사로서, 1970~80년대로 접어들면서는 군부독재로부터 언론의 자유를 쟁취하기 위해 투사로서 제국주의나 독재정권과 맞서왔다.

그러나 오늘의 언론인은 어떤 형으로 존재하고 있는가. 오늘의 시대상황이 반세기 가까운 분단상황에다 독재 권력의 패악이 아직 완전히 가시지 않는 상태에서 언론인의 역할이 무엇이어야 하는가 하는 자리매김은 이뤄지지 않고 있다. 그러나 놀랍게도 대학을 갓 나온 무수한 인재들이 언론사로 몰리고 있고 그 경쟁도 치열해져 가히 '언론고시' 라는 말이 나오기도 한다. 이처럼 언론인을 지향하는 수많은 인재들이 생각하는 언론인의 자세는 무엇인가.

다른 업종보다 높은 임금, 안정된 직업보다는 아마 언론인의 사회적 역할에 비중이 더 있을 것이다. 그럼에도 불구하고 정작 언론인이 된 사람들의 직업의식이나 직업윤리는 그렇지 않은 것 같다. 우국지사나 민주언론을 수호하는 투사형보다는 그야말로 '월급쟁이' 로서 안주하는 언론인이 더 많은 것 같다. 또 금품을 밝히는 언론인이나 권력 지향적인 사람들이 상당수 언론사 내부에 영향력을 미치고 있어 자정운동의 확산이 필요해지고 개혁차원에서 권력 지향 언론인들에 대한 규탄의 소리도 높다.

따라서 언론인을 지향하는 사람들에 대한 보다 엄정한 잣대가 필요해지고 기존 언론인들에 대한 재교육이 절실해지기도 한다. 그러나 무엇보다 중요한 사항은 언론인을 공개 채용할 때 고시처럼 '공부벌레'만 뽑을 것이 아니라 언론인으로서의 자질을 중시해야 할 것이다. 언론인으로서 갖춰야 할 자질은 직업윤리에 충실한 덕목과 민주언론을 수호하기 위한 의지, 그리고 전문실력 등 당위적인 항목들이 많다.

이 같은 시점에서 터져 나온 언론사의 공채 때 '불법 신원조회'는 우리를 경악케 한다. 더구나 대부분의 언론사들이 사전 신원조회가 불법인 줄 모르고 있었다는 점이 사안의 심각성을 더해주고 있다. 경찰이 갖고 있는 범죄경력 조회자료는 그동안 독재 권력 시절 온갖 언론인 탄압자료로 쓰였음은 주지의 사실이다. 경찰이 범죄수사 때만 쓰이는 이 자료를 문민정부가 들어선 요즘에도 버젓이 언론사에 제공하는 저의는 무엇인가. 바로 학창시절 시위전력 등을 문제 삼아 언론 민주화에 앞장설 우려가 있는 언론인들을 원천적으로 근절시키기 위한 참으로 한심한 의도가 있는 것이 아닌가. 언론사에 앞서 정부에 물어볼 일이다.

(1993년 10월 21일 〈언론노보〉 217호)

10월 24일을 자유언론의 날로

남자가 아침에 일어나면 구두끈을 매고 나갈 곳이 있어야 한다. 그러나 이 남자는 어느 날 갑자기 갈 곳을 잃었다. 신문사에서 당연히 나가야 할 기사들을 빼버리는 데 화가 나 몇 번 항의한 것 외에는 별 잘못한 것이 없었는데도 어느 날 해고통보를 받은 것이다. 가족들에게 마땅한 이야기도 생각나지 않아 그냥 출근하는 척하며 사람 눈에

띄지 않는 곳에서 하루를 보내기를 몇 번 하다 이웃 사람에게 들켜 해고사실이 알려졌다. 이유를 모르는 해고와 가장(家長)으로서의 자격상실, 자식들 보기에 창피함 등등으로 이 사람은 매일 술을 마시게 되고 몸과 마음이 황폐해갔다.

이 같은 유형의 사람들이 1천여 명에 이르렀다. 이것은 실제 13년 전에 있었던 우리나라의 일이다. 1980년 신군부가 들어서면서 군사독재정권 유지에 걸림돌이 되는 언론인들을 제거시키고 언론을 순치시키기 위해 강제해직과 자율이라는 이름으로 자행된 언론통폐합의 폭거가 있었다.

더 거슬러 올라가 보면 1974년 10월 24일, 유신독재 시절 〈동아일보〉와 〈조선일보〉가 주축이 된 젊은 기자들이 자유언론을 수호하고 실천하자는 결의를 했다가 150여 명의 기자, PD, 아나운서들이 강제로 쫓겨났다. 19년 전의 일이다. 이 같은 언론인들의 수난은 과거 정권이 바뀔 때마다 언론 길들이기의 하나로 권력의 압력과 언론 사주들의 묘한 논리에 의해 유·무형으로 반복된 우리의 엄연한 현실이었다. 10·24로 일컬어지는 '자유언론 실천 선언'은 그 뒤 이 땅의 민주언론운동의 초석이 됐으며 언론의 자유와 민주화를 지향하는 언론노동조합운동의 배경이기도 하다. 그러나 19년이 지난 현재, 이른바 문민정부가 들어선 지금도 그 희생자들에 대한 명예회복과 복직 등 원상회복이 되지 않고 있다.

언론계에서는 '원죄'로 일컬어지는 10·24 희생자들에 대한 이 같은 원상회복이 이뤄지지 않은 것은 무엇인가. 잘못된 것을 잘못됐다고 지적하다 부당하게 직장을 쫓겨난 언론인들이 왜 19년, 13년이 지난 지금도 거리를 헤매야 하는가. 바로 잘못된 관행들이 하나도 고쳐지지 않은 채 개혁이니 변화니 하는 미명들로 포장돼 그대로 이어졌기 때문이다.

모든 운동에는 관성의 법칙이란 것이 있다. 움직이는 물체는 반드시 제자리로 돌아갈려는 속성이 있기 때문이다. 우리는 이러한 속성을 평형감각이라고도 부른다. 한번 움직인 물체가 제자리로 돌아와야만 또 다시 움직일 수 있는 것이다. 이러한 귀소(歸巢)본능을 파괴하면 어떤 현상이 일어나는가. 바로 운동의 핵심체인 조직이 파괴되고 더 나아가 사회나 국가와 같은 큰 조직은 방향도 없이 무질서해지는 것이다.

잘못을 지적한 언론인들을 거리로 내몰고 언론 민주화와 자유를 위해 싸우는 언론인들을 배척하는 풍토가 계속되는 한 우리의 언론은 제자리 찾기가 요원해질 수밖에 없고 개혁과 변화를 표방하는 문민정부의 허구성 또한 사라질 수 없다.

'10·24 자유언론 선언' 19주년을 보내면서 착잡한 심정으로 권력에 눈치 보는 언론 사주들과 약속을 잊어버린 문민정부의 수반에 대한 질시를 차라리 거두고 싶다.

이제는 진정 민주언론을 지향하는 우리 언론노동자들이 일어서 10월 24일을 '자유언론의 날'로 선포할 때이다.

(1993년 10월 30일 〈언론노보〉 218호)

13년 묵은 손도장

'취재엔 국경이 없어도 기자에겐 국경이 있다'는 말이 있다. 기자의
소속감을 말한 것이다. 그만큼 기자는 소속된 환경에 제한을 받는다.

1979년 10·26을 경험한 언론인들에게는 물리력을 대변하는 '군
복'들의 위압을 경험했을 것이다. 헌법에 명시된 언론의 자유를 초

월하는 이른바 보도 검열단에 기사를 내보내기 전에 사전검열을 받아야 하는 그 곤혹스러움 말이다. 특히 부마민주항쟁을 전후해 위수령이 내려진 부산지역에서의 보도검열은 가히 살벌했다.

기사작성의 기본원칙도 모른 채 금기시하는 용어만 눈에 띄어도 아예 기사 전체를 못 내보내도록 하는 장교들의 폭력 앞에 차라리 기자이기를 포기하고 싶은 심정을 가졌던 언론인들이 한둘이 아니었으리라. 특히 부마민주항쟁을 전후해 부산지역에 주둔했던 공수특전단 소속 군인들의 '점령군' 으로서의 횡포는 아직도 소상히 밝혀지지 않고 있다.

이어 합동수사본부와 국보위에 의해 진행된 언론인 정화작업과 언론통폐합 조치는 군인들에 의해서 자행된 이 땅의 대표적인 언론 침탈행위로 세계 언론사에 오욕으로 남아 있다.

더구나 그 언론통폐합도 언론 사주들의 자율의 이름으로 이뤄졌다는 당시 표현은 통탄에 앞서 한심하기 짝이 없는 노릇이다. 권력과 폭력에 무력한 언론과 언론 사주들이 군부의 눈에 거슬리는 언론인들의 목을 마구 자르고, 경찰은 평소 못마땅한 언론인들에 대한 정보사찰 자료를 바탕으로 ABC로 분류해 삼청교육대로 보내며, 군인들은 이마저도 흡족하지 못해 마침내 언론사들을 합하거나 없애기에 이른다. 1980년 언론통폐합은 어처구니없는 논리에 의해 이뤄졌다. '국익 우선의 건전 언론 육성' 을 위한 것이란다.

언론을 전혀 모르는 군인들이 언론 경험이 있는 안팎의 인사들의 도움으로 이뤄진 이 통폐합은 누가 봐도 역사나 규모나 논조가 오래되고, 크고, 올바른 언론사들이 그렇지 못한 언론사에 흡수되는 일이 벌어졌다.

이러한 상식 이하의 통폐합으로 하루아침에 정든 직장을 떠나 낯설고 경쟁관계에 있던 언론사로 옮긴 언론인들의 심정은 어떤 것인지 짐작이 가능해진다.

인사상의 불이익은 물론 퇴직금과 급료의 차별화, '타사 출신'으로 눈에 안 보이게 받는 질시와 냉대 등 정신적인 피해는 누가 보상할 것인가.

1980년 11월 30일 밤 9시. 고별방송을 하는 한 방송국은 그야말로 눈물바다를 이루었다. 아나운서의 울먹이는 목소리, 통폐합의 부당성조차 제대로 지적도 못 하고 상징과 은유와 비유로 알아서 듣고 봐야 하는 뉴스. 그러나 시민들은 달랐다. "안됐다" "그럴 수가 있느냐" "가만히 있어서는 안 된다" 등등.

그 후 8년의 세월이 흘렀다. 민중들의 투쟁의 소산인 5공 청문회에 나온 통폐합 주역들의 후안무치한 답변과 언론 사주들의 소신 없는 의견 피력들. 통폐합 주역들 가운데는 아직도 금배지를 달고 있는 사람들도 있고 통폐합의 결과로 비대해진 언론사들은 여전히 건재하다.

또다시 13년의 세월이 흘렀다. 당시 언론통폐합은 군부의 강압에 의해 이뤄졌다는 증거가 나온 것이다.

역사의 진실은 이처럼 시간과 공간을 초월하는 것이다.

(1993년 11월 6일 〈언론노보〉 219호)

희생 없는 노조는 병든다

1980년 폴란드 그다니스크 시의 레닌 조선소, 하면 잊었던 한 인물
이 생각날 것이다. 레흐 바웬사. 뚱뚱한 체격에 콧수염을 기른 시골
농부형의 이 사람은 알다시피 '프라하의 봄'을 거치면서도 얼어붙
었던 폴란드에 자유의 물결로 넘실거리게 했던 유명한 노조 지도자

이다. '솔리다리티'로 더 잘 알려진 그의 자유 노조는 바로 연대의 힘으로 공산독재체제를 무너뜨리고 오늘의 폴란드를 재건하는 데 성공했다.

또 이례적인 일이지만 노조 지도자로서 최초로 대통령에 당선되기까지 했다. 노조운동의 힘으로 재건된 그의 조국이 과연 자본주의에서 성공할 수 있을지는 지켜봐야 할 일이지만 노조 지도자를 대통령에까지 당선시킬 수 있는 그의 국민들이 부럽다.

오늘 우리의 노동조합운동은 어떤가. 노조원 하면 정부 각료들까지도 '노가다'(일용 노무자의 일본식 표기)로 인식하는 상황에서 영국 철도 노조원들의 파업과 에어프랑스 항공사 직원들의 파업은 어떻게 받아들여질까. 공무원들과 선생님들은 절대 파업해서는 안 되고 그들 내부의 어떤 불합리와 부조리도 고분고분 받아들여야 하며 개혁은 오로지 윗분들의 지시로 이뤄질 수밖에 없다는 말인가.

노동조합은 헌법에 보장된 결사의 자유에 기초하며 그들의 권익 옹호를 위해 역시 합법적인 단체행동권에 따라 최후의 무기로 파업을 할 수 있다. 그런데 헌법에 보장된 단체행동권이 묘한 경제논리에 밀리고 있는 것이다. 더구나 경제기획원에서는 심심하면 노조를 위축시키거나 와해시킬 수도 있는 전임자 수 제한이나 전임자 유급불허 문제 등을 들고 나온다. 노동부의 고유 문제를 도대체 어떻게 해서 노동부장관도 참석하지 않은 자리에서 같은 장관급인 경제기획원장관이 거론하며 또 일방적으로 발표할 수 있다는 말인가. 우리의 한심한 노동정책을 보는 한 면이다.

우리의 언론노동조합운동도 출범 5년을 맞으면서 주변 상황이나 내부 현실이 많이 바뀌고 있다. 초기의 순수한 열정이나 투쟁의지도 노동조합 조직이 점차 굳어지면서 권익옹호나 임금문제로 관심이 쏠리고 있고 또 일부 언론사들은 파업의 후유증으로 인해 조직의 건강성에 의문이 제기되고 있다. 이런 와중에 언론사 노동조합을 이끌어갈 집행부 구성문제로 내부 진통을 겪고 있기도 하다. 물론 노조를 누가 이끌어가야 하느냐 하는 정답은 없다. 이 문제는 언론사 노동조합의 정체성과 관련해 풀 수밖에 없다.

그러나 노조 집행부나 지도부는 분명 개인을 떠나야 한다. 그것은 개인의 희생을 전제로 해야 하며 만약 노조에 적극 참여했던 개인이 불이익 처분이나 희생당할 경우 조직이 모두의 일로 공유해 적극 대처해야 한다. 따라서 지도자나 집행부는 어떤 때는 외로울 수 있다. 외로운 결정을 했을 때의 결과는 빠른 시일 안에 드러날 수도 있지만 먼 훗날을 기약할 수밖에 없는 일들도 있다.

노동조합운동은 어떤 경우도 조직이 건강해야 하며 집행부의 헌신적인 노력이 뒤따라야 한다.

시간이 쌓일수록 방심해서는 안 되는 일은 '무엇을 할 것인가' 라는 최초의 물음을 잊지 않는 것이다.

(1993년 11월 13일 〈언론노보〉 220호)

경영실패 노동자에게 전가 말라

납 활자를 하나하나 골라 끼워 신문을 만들던 적이 있었다. 납을 만지는 만큼 그 문선공들은 퇴근 무렵 소주와 돼지고기를 안주 삼아 납성분을 씻어낸다고 술을 거르지 않던 시절의 이야기다. 지금 생각하면 무척 낭만적인 분위기마저 든다.

그러나 지금은 시간당 몇십만 부의 신문을 찍어내는 초고속 윤전기에다 모든 지면의 편집을 컴퓨터로 짜고 기자들의 기사송고도 공책 크기의 PC를 이용하는 등 모든 신문제작이 전산화되었다. 활자매체의 이 같은 전산화 제작은 외형적으로는 지면 제작의 쇄신을 가져왔고 대량 소비사회에 걸맞은 정보의 신속 전달이 가능해졌다. 신문사마다 경쟁적으로 도입한 CTS는 마치 사세(社勢)를 과시하기라도 하듯 발행부수 경쟁을 부채질했고 증면 경쟁으로 이어져 내용 없는 글자들만 가득 채운 신문들이 집집마다 문 앞에 가득 쌓이는 자원낭비 시대를 맞게 됐다. 한 조사는 전체 신문발행 부수의 20%에 해당하는 300만 부가량이 폐지 수집상으로 직송되고 있어 신문용지 낭비 비용이 연간 777억 원에 이른다고 경고하고 있다.

1980년대 말부터 시작된 신문의 CTS 도입경쟁은 신문사마다 300억 원에서 500억 원 규모의 기술투자비를 들게 했고 전체 신문들의 총 기술투자비는 5천~6천억 원에 이른다는 통계도 나오고 있다. 그러나 이처럼 엄청난 규모의 기술투자를 했으나 아무도 기술투자를 통한 시장우위를 차지하지 못한 채 회사마다 지나친 기술투자로 경영 압박의 요인이 되고 있다. 더구나 신문 발행인들의 모임인 신문협회는 회원사들의 이 같은 기술투자 경쟁에 아무런 방안도 제시하지 못하고 그야말로 간판만 건 단체로 남아 있는 것이다. 언론관련 학자들은 신문사들이 차라리 엄청난 규모의 기술투자비를 기자들의 재교육이나 취재보도의 실질적인 개선을 위한 연구개발비에 투자했더라면 오늘의 신문 모습은 달라져 있을 것이라고 지적한다.

대부분의 신문들이 사주 1인이나 족벌경영 체제로 운영하고 있는 현실에서 경영 압박은 어떤 형태의 악습을 남기는가. 말할 것도 없이 '사람을 줄이는 일'로 나타난다. 이른바 경영 합리화라는 이름으로 이뤄지는 감원이나 감량경영은 전산화에 사람이 밀려나 언론노동자들에게는 사형선고와 다름없는 해고의 형태로 이미 나타나고 있다. 우리의 신문기업 윤리는 사람보다는 기계를 중시하는 단세포적인 발상밖에 없는 것이다. 바꿔 말하면 컴퓨터의 소프트웨어 기능보다 기기 자체인 하드웨어를 중시하는 전도된 가치관인 것이다.

〈한국일보〉를 선두주자로 한 언론노동자들의 대량해고 사태는 다른 활자매체에도 만만치 않은 악영향을 미칠 것으로 보여 언론계 안팎에서는 이른바 '한국 도미노' 현상을 우려하고 있다.

신문과 함께 청춘을 보낸 언론노동자들이 졸지에 거리로 내몰리는 사태를 보면서 이미 늦었다는 비감에 앞서 언론노동자들이 해야 할 일은 과연 무엇인가를 생각해야 한다. 회사가 경영 압박을 받는다면 무엇 때문이고 어떻게 대처해야 할 것인가를 함께 생각해야 한다. 바람직한 것으로는 '우리 모두의 일'로 인식하고 회사의 경영·인사·편집까지도 노사가 함께 의논하는 공동 결정권(Co Operation law)의 도입 같은 것은 어떨까?

(1993년 12월 9일 〈언론노보〉 224호)

'우R 방파제' 돼야 할 방송구조개편

방송의 중요한 기능 중 하나는 문화적 다원주의를 실현하는 것이
다. 물론 활자매체도 이러한 기능을 어느 정도 실현하고 있지만 전파
매체의 광파성(廣播性), 즉시성, 침투성 때문에 널리 동시에 안방으
로 파고드는 방송의 기능은 오늘날 더욱 중요해지고 있다.

그러나 우리의 방송문화는 무분별한 외래문화의 이식으로 전통문화와의 단절을 초래했으며 문화유산의 보존과 계승발전에 소홀한 한편 외래문화의 모방에 급급해왔다고 얼마 전 공영방송발전연구위원회(공발연)의 보고서조차 지적하고 있다.

우리 방송의 이 같은 문화 식민지화 역할은 미국의 자본주의 논리와 결코 무관하지 않다. 넓은 땅을 가진 미국은 일찍부터 상업방송이 발달했으며 시장기제(메커니즘)에 따라 CATV를 비롯해 위성방송의 축적된 기술을 바탕으로 각종 방송기자재에서부터 프로그램에 이르기까지 광의의 정보산업 판촉에 열을 올리고 있다. 방송과 관련한 이 같은 국제시장의 판도는 최근 우루과이라운드 협상타결과 관련해 우리나라에도 시장개방 압력이 만만치 않을 것으로 보인다.

특히 방송제작 부문의 경우 미국과 일본의 제작방식을 모방하는 사례가 많고 내용까지도 유사한 경우도 있어 우리의 문화적인 정체성 확립 차원에서 독자적인 방송제작 기법개발이 필요해지고 있다. 또 국회자료에 따르면 올 들어 지난 8월까지 TV 3사가 수입한 외화는 2천900여 편에 100억 원에 이르고 있다.

이 같은 시점에서 최근 나온 방송위원회 산하 공발연 보고서는 방송계 안팎으로부터 비상한 관심을 모으고 있다. 공영방송 발전을 기조로 한 이 보고서는 전파의 공익성 때문에 기존 방송구조가 공영이라는 틀을 유지해야 하지만 국내외로 불어 닥치는 방송환경 변화에 대처해야 함을 골격으로 유지하고 있다. 우리가 여기에서 주목하고 있는 대목은 기능이 강화될 방송위원회가 기존 공영방송의 위상을 강화하면서도 1990년 방송법 개정의 사생아인 SBS와 뉴미디어 탄생에 따른 CATV, 지역 상업방송 출현 등 공영방송 외적인 부문들에 대한 구체적인 구도가 빠져 있다는 것이다.

이러한 상업방송 출현에 대한 구체성 상실은 방송위원회가 비록 공청회라는 형식으로 방송계 안팎의 의견을 수렴하기는 했지만 조만간 정부의 방송정책 입안 자료에도 중요한 역할을 할 것으로 보여 대승적인 측면에서 보완작업이 필요해지고 있다. 왜냐하면 김영삼 대통령의 대선공약 사항 중 하나가 지역민방 설립이었기 때문이다. 따라서 늦어도 1995년까지는 지역에 민방이 설립될 것으로 보이고 종래의 지역 공영방송들은 어쩔 수 없이 경쟁을 할 수밖에 없게 돼 있다.

이 같은 구조가 가능해지면 방송위원회의 방송체제 개선안은 겉으로는 공영을 강조하면서도 안으로는 자본주의적 시장경제 논리에 따라 공영방송들이 살아남을 방법을 찾아야 하는 상호모순에 빠지기 쉽다. MBC의 경우 권역으로 묶이는 감원과 체질개선 등 엄청난 회오리에 몰리는 것이다.

방송이 권력의 의도와 불가분의 관계임을 과거의 예에서 보면서 강대국들의 문화적인 식민지화 정책들이 물밀 듯이 넘어오는 오늘의 국제현실에서 시장기제 논리와 추상적인 방송구조 개편 논리를 경계한다.

(1993년 12월 18일 〈언론노보〉 225호)

썩은 물과 언론보도

인류문명의 기원은 강에서 비롯됐고 사람 몸의 70% 이상도 물로 구성돼 있다. 또 사람을 규제하는 법도 물 흐르는 이치로 만들어져 있다. 이처럼 인간사회에서 물과의 관계는 떼려야 뗄 수 없는 관계이다. 따라서 국가나 사회는 이 물을 어떻게 관리하고 다스려야 하는가

가 궁극적인 관건이 되고 있다.

중국 상고시대 현군 우(禹)는 범람하는 강바닥의 흙으로 둑을 쌓아 치수사업을 성공시킴으로써 그의 치적으로 인정받고 있다. 치수사업을 하는 동안 그는 집 앞을 지나쳐도 끝내 들어가지 않았다고 한다. 국가 공복으로서의 면모를 알 수 있다.

우리의 경우는 어떤가. 한강을 비롯해 낙동강, 금강, 영산강 등 모든 강을 중심으로 사람들이 모여 살고 있고 농업을 비롯한 모든 산업들이 발전하고 있다.

무엇보다 중요한 것은 이들 강이 사람들의 식수원이라는 사실이다. 산업화와 함께 도시 중심으로 국가경영이 이뤄지면서 도시민들의 절대 다수가 관에서 공급하는 수돗물에 의존하게 됐고 따라서 마시는 물의 청정도가 국가 행정력의 척도가 되는 오늘의 현실이다.

그러나 상수도에 대한 시민들의 신뢰도가 극히 낮음은 변두리 약수터를 찾는 사람들의 수나 물을 사먹는 사람들의 추세에서 알 수 있다.

더구나 한심한 것은 상수도도 수질에 따라 1급수와 2급수로 등급이 매겨지고 수질에 따라 1등 시민, 2등 시민 등으로 등급이 매겨져 있다는 점이다. 가령 서울 시민들의 식수원인 한강물이 오염되면 언론을 비롯해 정부 할 것 없이 온 나라가 난리가 난다.

그러나 낙동강의 상류에서 죽은 물고기 떼가 떠올라도 정도는 약해지고 그 밖에 강이 오염돼도 언론들의 반응은 시큰둥해진다.

이처럼 환경오염도 오염지역에 따라 반응이나 대책의 정도가 달라지는 우리나라는 환경 중앙 집중화국인 것이다.

강원도 태백산에서 발원하는 것으로 알려진 낙동강 700여 리는 알

다시피 대구·경북지역을 지나면서 오염되기 시작해 부산 다대포에 이르면 가히 물이라 할 수 없을 정도의 폐수가 된다. 이 폐수도 5공 시절 개발독재 권력에 의해 하구에 둑을 쌓아 고인 물로 만드는 바람에 부패정도가 심해졌다. 그런데도 언론은 제대로 문제점을 지적하지 못했다.

자연의 흐름을 막는 데 따른 부작용을 지적하는 국제 전문기관의 환경영향평가가 둑을 만들어서는 안 된다고 결론지었는데도 독재 권력의 눈이 무서워 반대의견을 감히 제시하지 못한 사례가 어디 한 두 건이겠는가.

최근 들어 언론들은 앞다투어 환경감시자를 자임하고 나서고 있다. 따라서 표피적인 오염현상들을 지적하면서 보건위생과 환경오염에 관심이 높아진 국민들의 환심을 사려하고 있다.

그러나 어느 언론들도 보다 근본적인 문제점을 지적하는 데는 인색하다. 그 예가 최근 낙동강 오염사태에 대한 보도 태도이다.

처음에는 부산지역 일부 시민들의 수도 악취항의를 단편적으로 보도하다 대통령의 불호령이 떨어지자 앞다투어 머리기사로 장식하기 시작했다. 3공 시절부터 개발독재로 오염된 이 나라 강토가 어디 낙동강뿐이겠는가.

'끓는 냄비' 의 표본인 우리의 언론과 즉흥적인 인기 영합 행정력이 보여주는 밀월관계가 계속되는 한 우리의 자연은 황폐한 불모지가 될 날이 멀지 않다.

(1994년 1월 15일 〈언론노보〉 228호)

언론이 개혁돼야 문민개혁 성공한다

출범 1년이 지난 지금도 김영삼 정권은 여전히 화려하다. 정확히 말한다면 여전히 언론의 화려한 각광을 받고 있다. 김 대통령은 언론 스스로가 씌워준 '문민정부' 와 '개혁정권' 월계관의 힘을 마음껏 발휘, 언론을 정신없게 만들었다. 그래서인가. 언론의 '김영삼 정권 1년 평가' 는 취임직후 때에 미치지는 못하지만 놀라울 만큼 현란하고 요란하다.

김 대통령의 치적 1년은 거의 모든 언론으로부터 긍정적인 평가를 받고 있다. 언론은 이어 '여론' 이란 입을 빌려 긍정적 평가를 뒷받침 해주고 있다. 그런데 이 같은 언론이 김 정권의 줄기찬 개혁대상이라는 점이 흥미롭다.

김 대통령은 개혁드라이브 통치술을 펴면서 강한 목소리로 언론도 개혁돼야 한다고 말했다. 대통령의 뜻에 따라 공보처장관과 청와대 고위 비서관들도 언론개혁을 외쳤다. 뿐만 아니라 국민들도 언론개혁의 목소리를 높였다. 언노련도 권력이라고 하는 타율에 의한 '언론손질' 을 막기 위해 언론사 사주들과 경영진에게 자율적 개혁을 요구했다.

그러나 언론은 그 모든 개혁요구의 화살을 피했다. 개혁을 내세운 권력의 힘이 언론에 미치지 않은 것을 다행으로 여겨야 할지 아니면 타율에 의하더라도 우리 언론의 고질병이 치유되지 못한 것을 아쉬워해야 할지 참으로 착잡한 심정이다.

그러면서 개혁되지 못한 언론에게는 정권의 언론개혁 요구가 언제든지 언론을 주눅 들게 만드는 교묘한 무기로 작용한다는 점에서 안타까운 심정을 금할 길 없다.

이 문제와는 별도로 개혁되지 않은 언론의 김영삼 정권 1년 평가가 도덕적으로 정당한 평가인가라는 물음을 제기하지 않을 수 없다.

김영삼 개혁은 외형적 개혁에 머문 데다 본질적인 개혁이 단행되지 못한 것은 언론이 걸고 넘어졌기 때문이라는 분석이 나오고 있는 상황에서는 더욱 그러하다.

우리는 언론이 김영삼 개혁을 가로막았다는 지적에 대해 자신 있게 그렇지 않다고 부정할 수 없다.

어쨌건 김영삼 개혁이 변죽만 울린 채 완성되지 못한 상태로 끝난다는 것은 참으로 안타까운 일이다. 그것이 언론 때문이든 아니면 김영삼 정권의 본질 때문이든 간에 미완성 개혁은 우리에게 크나큰 절망이다.

개혁의 한계성이 여실히 드러난 상황에서 김영삼 정권은 숱한 난관에 직면해 있다.

쌀과 기초농산물을 비롯한 농축산물의 개방으로 인한 강력한 저항(이 저항은 정부의 협상태도 잘못에서 드러나고 있어 더욱 거세질 것이다), 걷잡을 수 없이 뛰어버린 물가인상의 난관을 김 정권이 제대로 벗어날 수 있을지가 의문이다.

'국가경쟁력 강화'라는 새로운 통치 이데올로기로 정권의 힘을 유지하려 하고 있으나 김 대통령의 힘은 이미 약화되는 징조를 보이고 있다. 때문에 약화되는 김 정권과 언론은 어떤 관계에 처할 것인가를 점쳐보면서 앞으로의 상황발전을 예의 주시할 필요가 있다.

이는 언론과 김 정권이 계속 동반자 관계로 나아갈 것인가, 아니면 새로운 관계가 조성돼 앞으로 동반자 국면에서 긴장국면으로 발전할 것인가로 대별된다.

언론이 지난날처럼 쉽게 권력에 붙을 수는 없다. 또 그렇다고 해도 언론이 권력의 감시자로서 제 역할을 다하리라고 보기도 어렵다.

우리 언론노동자들은 이런 점에서 김영삼 정권 1년에 대한 냉철한 평가와 함께 우리 언론의 고질병 치유, 곧 언론개혁을 위해 실질적인 노력을 경주해야 할 것이다.

(1994년 2월 26일 〈언론노보〉 233호)

북한방송보도 언론사 의지가 열쇠

잘 알려진 대로 독일의 통일에는 언론, 특히 방송의 힘이 컸다. 국
경을 자유롭게 넘나드는 공중파가 굳어진 양쪽 체제의 벽을 허문 것
이다. 아직 남북 간 방송교류가 이뤄지지 않고 있는 우리로서는 좋
은 선례가 된다. 그런 점에서 서독 아데나워 정권의 냉전 이데올로
기가 남긴 교훈을 당시 언론들의 지적에서 찾아보는 것은 의미가 있

을 것이다.

"서독은 통일이라는 원대한 목적을 달성하기 위해 자주적인 중용의 길을 택하지 않고 전적으로 서방 측에 의존했다가 동·서 해빙 무드 속에서 곤경에 처하게 됐다. 바로 서독 외교정책의 편향성 때문이다."

오늘날 우리에게 깊숙이 와 닿는 부분이다. 우리 민족의 문제는 남이 아닌 우리 스스로 해결해야 하는 것이 당연한 이치다. 이 같은 우리 문제 해결을 위해 반드시 짚고 넘어가야 할 분야 중 하나가 방송교류라고 할 수 있다.

때마침 정부도 국회에서 남북방송교류 방안을 적극 검토하고 있다고 밝혔다. 그러나 그 같은 핑크빛 발언의 이면에는 고질적인 문제가 도사리고 있다. 공보처는 방송교류를 위한 전제로 북한의 제의를 들고 있고 현재 남북대화의 진전 상황을 고려하겠다고 한다.

또 그에 한발 앞서 우리 언론사들의 북한방송 청취·보도도 시기상조라는 부정적 입장을 보이고 있다. 방송청취 자체를 막을 법적 근거는 없으나 북한방송이 선동·선전매체로 치우쳐 있기 때문이라고 한다.

누구보다 앞장서 법을 지켜야 할 정부가 법적근거도 없는 논리를 내세우며 방송청취를 막고 있고 안기부 소속 내외통신이 제공하는 내용만 언론들이 보도하게 하는 대북보도의 획일성은 개탄스럽다 못해 참담하기까지 하다.

특히 오인환 공보처장관의 발언은 상식적으로 이해하기 어려울뿐더러 우리 정부의 고질화된 대북인식을 드러내는 것이어서 자못 심각하다. 오 장관은 국회문공위 상임위에서 북한방송은 사실보도가 아니기 때문에 판단과 해석이 필요하고 따라서 수십 년간 대북정보를 취급해온 내외통신만이 북한보도가 가능한 언론기관이라는 요지의 발언을 했다. 언론의 양식을 철저히 불신한 안보논리가 그대로 스며들어 있다.

안기부는 여기에 한술 더 뜬다. 법적으로 북한방송 청취 · 보도를 막을 근거는 없지만 만약 북한 선동 · 선전을 보도할 경우 국가보안법에도 저촉될 수 있다는 엄포성 발언을 늘어놓고 있는 것이다.

최근 확인된 바에 따르면 내외통신은 안기부 심리전국 소속이라고 한다. 사장과 해당부서장은 정치공작을 담당했던 정치 전력이 있는 것으로 밝혀졌다. 그렇다면 내외통신을 통해 접하는 북한소식은 심리전 차원에서 아니면 공작 차원에서 이뤄지는 것은 아닌지 모르겠다.

언론으로서의 조건을 제대로 갖추고 있지 않은 내외통신이 과연 정부의 말대로 탁월한 판단능력을 갖고 있고 또 신뢰를 가질 만한 곳인가 하는 점을 생각하게 한다. 우리 언론은 그 정도 수준도 안 돼 북한방송을 직접 청취 · 보도하지 못하는 것인지 소리 높여 묻게 한다.

더도 덜도 아니고 북한방송 청취 · 보도는 언론사의 의지에 달려 있다는 결론으로 귀착된다. 독일통일과 언론, 이제 우리 언론도 그 같은 역할을 요구받고 있음을 인식해야 할 것이다. 통일의 길을 언론이 열어야 하고 그 첫걸음은 자유로운 북한방송 청취 · 보도로부터 출발해야 한다.

(1994년 3월 5일 〈언론노보〉 234호)

먼 길 가는 '남북언론교류특위'

우리 민족 최대의 현안이라면 누가 뭐래도 통일을 들 것이다.

오죽하면 '꿈에도 소원은 통일'이겠는가. 이처럼 오매불망 바라는 통일이 분단 50년이 다 되도록 여전히 꿈으로 남아 있다. 흔히 이처럼 오랜 기간 통일이 되지 않는 이유에 대해 남북 간 이데올로기

차이를 든다. 그것이 소련이 붕괴되면서 동서 간에 냉전구도가 바뀌었는데도 말이다. 그렇다면 남북 간에 서로 통일을 원치 않기 때문인가. 아니다. 그렇다면 우리를 둘러싼 미국, 러시아, 일본, 중국이 통일을 가로막고 있다는 뜻인가. 그것도 표면상의 이유는 될 수 없다. 적어도 우리 민족의 운명이나 숙원은 스스로 해결할 수밖에 없는 현실에서 우리의 문제는 스스로 풀어나가야 할 당위성이 있다.

1990년 마련된 남북교류협력에 관한 법률은 한동안 우리를 들뜨게 했다. 그러나 법으로까지 만든 이것도 '북한의 핵문제'에 걸려 실질적인 교류협력이 이뤄지지 않고 있다. 이러한 시점에서 김영삼 정부는 3단계 통일방안으로 화해협력단계와 남북연합단계를 거쳐 1민족 1국가의 완전통일을 이루기 위해 적극 노력하겠다고 밝힌 바 있다. 이러한 원대한 목표도 최근 교착상태에 빠지자 정부는 "우리의 대화 상대인 북한이 아직 냉전시대의 깊은 잠에서 깨어나 화해와 협력의 여명을 갖추지 못하고 있다"고 이유를 대고 있다. 교착의 책임을 서로 전가하는 양쪽의 태도가 바뀌지 않는 한 우리는 조속한 통일을 바라기 어렵다.

그러면 언제까지나 통일문제에 관한 한 정부 쪽에 맡겨야 하는가. 이러한 조급성은 자칫 '감상적인 통일 지향'으로 매도될 수 있다. 그러나 통일문제에 관한 한 우리 사회 내부 각계각층의 의지가 투명하게 반영되지 않으면 안 된다고 본다.

이러한 의지실현을 위해 연맹의 남북언론교류특별위원회(이하 남북언론교류특위)가 조직을 정비해 활동을 재개했다. 비록 명칭이 언론인 교류에 한정되지만 교류를 위한 실현 가능한 방법과 남북 간의 언론(신문·방송·통신) 교류에 의해 화해 협력을 저해하는 요인들을 제거하기 위해 노력할 것이다. 남북언론교류특위는 또한 남북 간의 이데올로기 차이로 인한 이질감을 해소하고 더 나아가 민족 동질성을 확립하기 위한 각종 행사도 펴나갈 계획이다. 특위는 또 내부적으로 통일을 위한 언론의 역할과 방안에 대해서도 언론종사자들을 포함한 조합원들에게 진지하게 묻고 결집된 의지를 표출하도록 노력할 것이다. 그러나 성급한 소영웅주의나 공안당국이 즐겨 쓰는 감상주의는 경계할 것이다. 이러한 선언적인 노력은 몇 사람의 의지로는 절대로 불가능하다고 본다. 분단 50년 가까운 세월의 벽이 그만큼 두껍다는 의미다.

1991년 수정 발효된 남북합의 문서를 보면 신문과 라디오, 텔레비전 및 출판물을 비롯한 출판·보도 등 여러 분야에서 교류와 협력을 실시한다고 했다. 또 남과 북은 사실에 대한 객관적 보도를 비방·중상의 대상으로 하지 아니하며 출판·보도 자료와 목록 등 정보자료를 상호 교환하는 것을 포함해 인적 교류도 얼마든지 가능하게 했다.

분단의 벽을 뛰어넘어 통일이라는 지상과제를 풀기 위해서는 가만히 앉아 정부가 하는 대로 맡겨서는 안 된다는 생각과 함께 독일 통일에 언론의 역할이 컸다는 사실이 절감된다.

(1994년 3월 12일 〈언론노보〉 235호)

기대-우려 교차되는 '세무조사'

언론사에 대한 세무조사가 시작됐다. 1966년 국세청이 생기고 난 뒤 처음 있는 일이라 한다. 국세청은 1차로 시작된 언론사에 대한 정기법인세 조사대상으로 중앙, 한국, 경향, 서울 등 4개 신문사와 KBS를 선정, 지난 15일부터 조사에 들어갔다.

이 같은 언론사에 대한 세무조사를 보면서 먼저 격세지감과 함께 원칙적인 환영의 뜻을 표한다. 언론노련은 그동안 김영삼 정부가 들어선 이후 줄곧 언론개혁 차원에서 성역 없는 언론사 세무조사를 촉구해왔기 때문이다.

우리는 이번 5개사에 대한 조사가 표본조사가 아니길 바란다. 5개사의 선정이 나머지 언론사를 위협하기 위한 것이 아니길 바란다는 뜻이다.

물론 그동안 한 번도 세무조사를 받은 적이 없는 언론사들에 대해 한꺼번에 세무조사를 하기는 어렵지만 국세청이 공표한 기준에 따라 모든 언론사에 대해 엄정한 조사를 하고 또 그 결과를 투명하게 공개할 때만이 세무조사의 의의가 있으며 각 언론사가 승복할 수 있을 것이다.

우리는 과거 군사독재정권들이 언론 길들이기의 방편으로 세무사찰을 악용해온 아픈 경험들을 갖고 있다.

항간에는 저승사자보다 더 무서운 세무조사에 대해 "털어 먼지 안 나는 곳이 어디 있겠느냐" 면서 첫 언론사 세무조사에 대해 우려의 목소리를 높인다.

그러나 잣대의 기준에 대한 잘못을 지적하기에 앞서 스스로 떳떳하지 않으면 안 된다. 또한 언론도 이제는 더 이상 특혜나 예외기관으로 존재해서는 안 된다. 법의 형평성에 의연할 때만이 언론이 참다운 목소리를 낼 수 있는 것이다.

시장에서 좌판을 깔고 장사를 하는 영세상인들조차 꼬박꼬박 수입에 대한 세금을 물게 하고 있는 마당에 언론사에 대해서는 지금까지 세무조사를 한 번도 하지 않았다는 점만으로도 이번 조사는 의혹의 눈길을 걷고 형평성의 논리를 획득해야만 되는 것이다.

세무조사를 받고 있는 일부 언론사에서는 이번 조사에 원칙적으로 반대하지 않지만 비영리단체에 대해 지나치게 많은 세금을 부과한 데 대해 조세저항이 있는지 집중조사를 벌여 불만의 목소리를 잠재우려 한다는 주장도 나온다. 이러한 우려는 조사결과 약점이 드러나면 이를 빌미삼아 언론 길들이기에 악용할 소지가 충분히 있다는 판단에서 비롯된 듯하다.

이 시점에서 우리는 몇 가지 엄숙한 제안을 하고자 한다.

첫째, 이번 조사가 일과성에 그치지 말고 성역 없는 조사가 돼야 한다는 것이다.

둘째, 조사결과를 투명하게 공개해 악용될 소지를 없애라는 것이다.

셋째, 드러난 잘못에 대해서는 엄격한 법적용을 통해 언론을 기업의 방패막이나 권언유착의 도구로 악용할 수 없도록 해야 한다.

세무조사와 더불어 기왕에 언론개혁의 차원에서 미완에 그치고 있는 언론 사주들의 재산공개를 촉구한다. 또 신문의 발행부수공사(ABC제도)도 서둘러 이 제도가 하루빨리 정착될 수 있도록 해야 한다.

이러한 일련의 언론개혁은 정부의 의지도 중요하지만 언론사들의 자발적인 참여가 더욱 필요하다. 언론개혁의 성패는 늦출 수 없는 이 시대 과제이다.

(1994년 3월 19일 〈언론노보〉 236호)

교과서 개정 보·혁 잣대는 위험

레비 스트로스를 비롯한 20세기 구조주의 학자들은 원시인도 현대인과 같은 논리적 사고를 했다고 주장해 서구적 시각에서의 문화적 우월주의에 반성의 계기를 주었다.

이러한 서구 위주의 문화 패권주의에 대한 시각 교정은 오늘날 진보적인 학자들에 큰 영향을 주어 현대사회에 대한 다양한 문화적 분석을 가능하게 해줬다.

문화에 대한 다양한 시각과 해석능력은 그 사회가 갖고 있는 문화적인 역량과도 연결돼 서구의 경우 신화나 전설, 설화, 민담까지도 다양하고 포괄적인 재해석을 통해 새로운 문화를 창출하고 있는 것이다.

우리 역사의 경우 흔히 건국신화나 우리 겨레가 살았던 강역에 대해서는 역사 이전의 것으로 치부해 한반도 안으로 축소되면서 새로운 역사 해석이 소홀히 다뤄졌다. 일본을 비롯한 서구의 식민사관이 우리도 모르는 사이에 체질화된 때문이다.

최근 교육부가 마련한 중·고 국사 교과서 준거 시안을 놓고 일부 언론들이 심하다 싶을 정도로 흥분하고 있다. '항쟁시비'로 일컬어지는 일부 언론의 반격은 한마디로 마치 기다렸다는 듯이 극우주의자나 단체를 대변이라도 하는 것처럼 진보적인 시각을 가진 학자나 관료들을 싸잡아 한쪽으로 몰아붙이는 편향성을 드러내고 있다. 이에 뒤질세라 여당의 한 정치인은 "역사는 잘된 것과 잘못된 것을 그대로 기술하는 것"이라며 "진보사관으로 우리의 피 눈물 나는 역사를 음해하는 것은 있을 수 없다"고 기염을 토하고 있다.

과연 우리의 역사기술이 그것도 교과서에서 잘잘못을 있는 그대로 다룬 적이 있었는가.

특히 해방공간에서 6·25를 거쳐 오늘에 이르기까지 현대사를 다룬 교과서에서 역대 군사·독재 정권의 잘잘못을 학생들이 확연히 판단할 수 있도록 제대로 취급한 적이 있었는가.

116

체제에 대한 엄격한 판단과 별개로 단순히 민중들이 억압에서 벗어날려는 몸부림을 항쟁이라고 부른다면 그마저도 공산주의자들과의 연루로 몰아붙여 매도돼야 하는가.

한 언론은 자매지인 월간지까지 대대적으로 동원했고 또 다른 방송매체의 프로그램까지도 겨냥해 그 프로의 내용이 '우익과의 대결'의 장인 것처럼 몰고 가고 있다. 역사에서 가려진 인물을 새로운 시각으로 재조명하려는 이 프로그램은 이 언론의 선동적인 공격으로 문화적인 테러를 당하고 있는 것이다.

그러나 유감스럽게도 이 신문의 창업주는 친일전력으로 심심찮게 지면을 장식하고 있으며 최근에 공개된 조선 총독부 자료는 이 신문이 사회주의계로 분류된 것으로 알려졌으나 내부의 치부는 감춘 채 민족지로 공공연히 선전하고 있다. 현대 언론의 양면을 사회통합과 대중조작이라 할 때 기회주의적인 언론이 사회문화에 미치는 악영향은 심대하다.

개혁은 진보적인 의지가 뒷받침될 때 가능한 것이라면 극우 보수 세력의 기득권을 대변하는 이러한 언론의 논조가 개혁을 표방하는 현 정권이 퇴조를 보일 때 또 어떤 역할을 하는가라는 것은 불을 보듯 뻔하다.

(1994년 3월 26일 〈언론노보〉 237호)

신문의 날 유감

하비 콕스의 『바보제』를 보면 억압받던 중세 유럽 민중들이 스트
레스 해소를 위해 '바보제'라는 축제를 여는 게 나온다. 우리의 남사
당패 양반 희롱 연희와 비슷한 것이다. 이처럼 축제는 바깥에 드러나
는 것 외에 내면의 목적성을 지닐수록 역사성을 가진다.

지난 7일은 '신문의 날'이었다. 독립신문의 창간일에 맞춘 '신문의 날'은 지난 1957년 신문편집인협회가 주최해 올해로 38회에 이르렀다. 이 땅의 언론 민주화를 주도하고 독재정권과 의연히 맞서 싸운 지사형 언론인들의 누적된 노력의 결과에 다름 아닌 '신문의 날'은 그러나 세월이 흐를수록 그 의미가 퇴색하고 오늘에 이르러서는 피곤한 신문제작 종사자들의 쉬는 날로 전락하고 말았다.

특히 신문편집인협회가 결정한 이 '신문의 날'에 대한 반론도 만만치 않다. 개화기 독립운동의 대표적인 인물로 알려진 서재필에 대한 친일행적이 하나둘 드러나면서 그가 창간한 〈독립신문〉의 실체에 대한 재조명과 반성이 있어야 한다는 주장도 나오고 있기 때문이다.

서재필은 개화기 지식인으로서 일반인들에게 잘 알려지지 않은 친일논조를 〈독립신문〉을 통해 여러 차례 발표하고 있다. 이러한 놀랄 만한 내면의 부역의 이력을 가진 〈독립신문〉은 후세에 이르면서 아무런 검증이나 비판 없이 그대로 미화돼 창간일을 한국 신문의 축제일인 '신문의 날'로 정하기에 이르렀다.

매국노 이완용을 애국인사로 칭송하고 이토 히로부미를 존경한다는 글을 게재한 〈독립신문〉이 어떻게 해서 초창기 민족의 대변지로 자리를 잡게 됐는가. 말할 것도 없이 우리 언론의 불확실한 역사의식 때문이리라. 이러한 투철하지 못한 역사의식은 현재 대표적인 민족지로 자부하고 있는 일부 신문들에 대한 엄격한 검증작업이 이뤄지지 않거나 친일인사들이 독립유공인사로 둔갑하고 있는 것과도 맥을 같이하고 있다.

한국의 언론, 특히 신문의 경우 100년이라는 만만치 않은 역사를 갖고 있다. 이러한 역사에 걸맞게 신문은 양적 팽창을 한 것도 사실이다. 그러나 언론역사의 주체인 언론인은 과연 여론을 선도하고 민주주의의 선봉으로 또 권력의 엄격한 감시자로 자부할 수 있는가. 날로 치열해지는 무한경쟁 속에, 가중되는 업무량 속에 허덕이며 자본에 예속된 월급쟁이로 전락하고 있는 것은 아닌가.

신문협회 등 3개 단체 주최로 열린 '신문의 날' 행사를 지켜보면서 과연 오늘날 신문의 주체가 누구인가 의문을 가지지 않을 수 없다.

19년 전 자유언론수호를 위해 의연히 나섰다가 해고된 언론인들, 또 13년 전 신군부에 의해 강제해직된 1천여 명의 언론종사자들에 대해 아무런 원상회복 없이 연례적으로 치러지는 각종 언론관련 단체들의 화려한 행사들을 보면서 이 땅의 진정한 언론인들의 각성과 초기의 순수한 열정을 촉구한다.

아울러 언론 산업 내외적인 여러 문제들을 노조와 진지하게 토의하고 매듭을 풀어가는 유럽 언론사들과, 1FJ(국제언론인연맹)와 관계 등을 상기하면서 내년부터는 10월 24일을 '자유언론의 날'로, 나아가 '신문의 날'로 승화 발전시켜 신문매체 노동자들이 축제의 분위기 속에 하루를 즐길 수 있도록 할 것을 제안한다.

(1994년 4월 16일 〈언론노보〉 239호)

4·19혁명과 언론인의 '변신'

나치 때 저항 작가 베르톨트 브레히트는 그의 시집 『살아남은 자의 슬픔』에서 히틀러에 저항하다 숨진 그의 동료들에 대해 산 자로서의 비애를 술회하고 있다. 산 자의 몫을 다하지 못하는 지식인의 고뇌를 구구절절 투영하고 있는 것이다.

4·19혁명이 일어난 지 34년이 지나고 있다. 이승만 독재정권을 무너뜨리고 이 땅에 민주주의의 싹을 키운 4·19는 그러나 혁명 직후 일부 정치군인들의 쿠데타로 '의로운 일어섬'이 자취를 감추고 30년 넘게 독재가 계속되면서 미완의 혁명으로 남았다.

세월은 빠르다. 역사 속의 사건들도 시대와 상황에 따라 해석이 달라진다. 이러한 해석의 변화는 사건의 성격에 따라 주체들의 내부적인 논쟁과 바깥에서의 성격규정 등 시각에 따라 달라진다. 그러나 변하지 않는 것은 역사적인 사건일수록 사건 그 자체이다.

5·16에 의해서 무너진 4·19는 근래에 이르러 혁명으로 복원되면서 비로소 제자리를 찾고 있다.

그러나 가관인 것은 4·19정신을 무너뜨린 장본인들이 낯 두꺼운 모습으로 나타나 그날의 주역들임을 자처하고 있는 것이다. 권력의 유지와 장악을 목적으로 한 이들의 행태는 진정 뉘우침 없이 흘러가는 우리의 근세사와 마찬가지로 눈에 안 보이는 폐해 또한 만만치 않다. 청산되지 않는 역사 속에서 민족정기 또한 맑아지지 않는 법이니까. 4·19세대들의 이러한 행적은 '남의 잘못에 대해서는 강하면서 자신의 잘못에는 관대'한 언론의 속성과 무관하지 않다.

특히 4·19 주체세력으로 자처하는 사람들 가운데는 독재 권력에 빌붙어 민주화운동을 짓밟았던 언론 출신들도 상당수 끼어 있어 역사의 아이러니마저 느끼게 한다. 면면을 말하면 다 알 수 있는 언론 출신들의 삶의 요령은 한마디로 변신이다. 권력에 접근하기 위해 자신의 색깔을 바꾸고 독재 권력에 빌붙어 권력 유지에 필요한 논리를 제공했다. 이들은 '저렇게 살아야만 출세할 수 있다'는 등식을 후배들에게 유감없이 보여준다. 이른바 '언론고시' 에 합격한 영악한 후배들이 이들로부터 배워서는 안 될 것을 배울 때 오는 무형의 폐해를 생각하면 가증스럽다.

민주주의의 본령이 여론정치이고 이 여론형성에 최대의 역할을 하는 것이 언론이고 보면 출세에 눈이 어두워 훼절과 변신을 거듭하는 카멜레온 언론들의 추방이야말로 언론 민주화의 주요과제가 아닐 수 없다.

한때 4·19 기념식이 있는 날, 기사에서 4·19 뒤에 '의거' 라는 용어를 삭제하고 보도한 일이 있었다. 그 삭제를 지시한 사람들이 이제는 대통령이 '혁명' 이라는 용어를 쓰자 말자 앞다투어 4·19를 미화하는 보도를 했다. 또 정치인들도 너도나도 4·19 주역임을 자처하면서 죽은 자들 앞에 나섰다. 한때의 투쟁경력을 내세워 처세에 능했던 사람들이 이제는 죽은 자들 앞에서 머리를 숙이면서 하는 생각들은 무엇일까. 너무 앞장섰다가 이 좋은 세상 구경 다 못 하고 먼저 간 어리석음을 혹시 나무라는 것은 아닐까.

세월은 무심해 아직도 34년 전의 상처를 앓고 있는 사람들이 있다는 것을 아는 이는 드물다. 4·19 묘역에서는 죽은 아들의 무덤 앞에서 흐느끼는 모정에 대해 "아들 몫까지 살라" 고 위로하는 이도 있었다 한다. 그는 분명 살아남은 자의 비애를 느끼고 있는 것일까.

(1994년 4월 23일 〈언론노보〉 240호)

5월 1일, 언론노동자는 어디에 있나

"**만약** 그대가 우리를 처형함으로써 노동운동을 쓸어 없앨 수 있다고 생각한다면, 그렇다면 우리의 목을 가져가라! 그러나 당신 앞에서, 뒤에서, 사면팔방에서 끊일 줄 모르는 불꽃은 들불처럼 타오르고 있다. 당신이라도 이 들불을 끌 수 없으리라."

이 말은 1886년 미국에서 8시간 노동제를 쟁취하기 위해 투쟁하다 사형선고를 받은 노동운동의 지도자 스파이즈가 재판관에게 한 법정 최후 진술이다.

당시 미국의 노동자들은 일주일에 7~8달러의 저임을 받으며 하루 12~16시간의 고된 노동에 시달리다 못해 노동조합을 만들었다. 비참한 생활에서 벗어나기 위해서는 단결·투쟁밖에 없음을 인식한 것이다.

그들은 자본만 옹호하는 정부와 경찰, 군대, 깡패에 맞서 1886년 5월 1일 미국 전역에서 34만 명이 총파업을 벌였다. 경찰은 5월 3일 농성 중인 노동자들에게 총을 쏘아 6명을 살해했고 5월 4일 시카고 헤이마키트 광장에서 30만 명의 노동자와 시민이 참가해 항의집회를 열자 200여 명을 학살했다. 이 사건을 계기로 경찰과 기업주는 노동운동 지도자 8명을 체포하고 각지의 노동운동 지도자들을 폭동죄나 음모죄로 체포, 기소하는 탄압을 자행했다.

스파이즈의 말대로 노동운동은 들불처럼 타올라 1898년 7월 파리에서는 세계 20개국 노동조합 대표들이 모여 5월 1일을 세계 노동절로 결정했다.

우리의 노동절 역사도 만만치 않다. 1923년 일제 식민통치 아래서 처음으로 가진 노동절 행사는 해방직후까지 계속되다 1948년 미군정의 조치로 조선노동조합 전국평의회는 불법단체가 되고 이후 이에 대응할 목적으로 지금의 한국노총의 전신인 대한노총이 급조돼 이승만과 자본가에게 충성을 다짐하는 행사로 악용돼왔다.

그 후 박정희 정권은 노동절이라는 이름마저 '근로자의 날'로 바꾸어 30년 넘게 정부와 자본의 지원 아래 한국노총이 주관하는 정체 불명의 행사를 치러왔다.

'노동자' 라는 말의 프로파겐다(선전)가 무서워 희생과 순종만을 강요하는 '근로자' 라는 말로 바꾼 것이다. 그렇다면 정부 조직인 '노동부' 도 '근로자부' 나 '사용자부' 로 바꾸어야 하는 것이 아닌가.

1987년부터 시작된 노동자 대투쟁을 계기로 한국노총에 대항해 민주노조 진영의 단결은 들불처럼 타올랐고 마침내 올해부터 5월 1일을 노동자들의 최대의 행사로 치르기로 결정됐다.

그러나 여전히 그 이름은 '근로자의 날' 이다. 그리고 국제노동기구(ILO)가 지난해 우리 정부에 권고한 복수노조 인정, 공무원 단결권 보장, 제삼자 개입 금지 조항 철폐 등이 아직도 시행되지 않고 있고 노동조직의 정치활동도 보장되지 않고 있다. 이른바 문민정부가 출범한 지 2년이 넘도록 우리는 여전히 노동 후진국으로 국제사회에서 따가운 눈총을 받고 있는 것이다.

더구나 언론노동자들은 여전히 높은 강도의 노동에다 열악한 근로환경에 시달리고 있음에도 무한경쟁의 고삐를 죄고 있는 자본의 힘 앞에 무력하다. 과연 국가경쟁력 제고는 누구를 위한 구호인가. 세계 노동절 104주년을 맞아 들불처럼 타올랐던 노동자들의 피 앞에 우리 언론노동자들이 해야 할 일은 산적해 있기만 하다.

(1994년 4월 30일 〈언론노보〉 241호)

진실은 소송으로 못 덮는다

– 김현철 씨 정치자금 의혹 스스로 해명해야

"신문 없는 정부보다 정부 없는 신문을 택하겠다"는 토머스 제퍼슨의 말은 고전에 속한다. 그러나 미국의 대통령이 되고 난 뒤 언론의 비판에 시달리자 '신문 없는 정부'를 하리라 고대했다는 일화를

아는 이들은 드물다.

 언론의 사회적 역할에 대해 누구보다 잘·아는 사람들이 그의 사회적 지위가 바뀌면서 언론을 보는 시각이 바뀌는 현상에 대해 인간의 한계에 앞서 공인(公人)으로서의 역할에 대한 회의가 앞선다. 언론의 사회적 역할은 올바른 여론수렴 기능과 함께 보다 건강한 정책수행을 위한 비판적 기능이 더 요구되는 시점에서는 더욱 그렇다.

 김영삼 대통령이 재야시절에 쓴 수상록들을 보면 우리나라의 역대 대통령들이 가까운 사람들의 막에 둘러싸여 민심을 제대로 꿰뚫어보지 못하고 독선에 빠져 실패한 사례들을 지적한 대목들이 눈에 많이 띈다. 그런 그가 오늘날 더 이상 오를 곳이 없는 곳에 오른 뒤 과연 자신의 주위를 어떻게 관리하고 있는지, 여론의 동향에 대해서는 어떻게 생각하고 있는지를 분석하는 것은 시기상조인지 모른다. 그러나 몇몇 징후들을 보면서 우리는 심각한 우려를 하지 않을 수 없다.

 우선 최근 청렴, 강직으로 소문난 이회창 총리를 사임시킨 일을 비롯해 차남 현철 씨의 막후 역할을 묵인하고 있는 일, 그리고 주변 인물들을 가신(家臣)그룹들로 포진시키고 있는 예 등을 꼽을 수 있다.

 이 가운데 현철 씨의 역할에 대해서는 항간의 소문대로라면 '황태자' 운운할 정도로 대선과정에서부터의 활동과 일련의 개혁정책입안, 정부 안팎의 인물 천거설 등으로 부정적인 시각이 만만찮다. 대통령이 되기 전에는 둘째아들의 도움도 필요했겠지만 국정 최고 책임자가 된 마당에는 가장 멀리 해야 할 부분이기 때문이다.

 그런 김현철 씨가 우리나라에서는 가장 비판적이고 진보적인 성향의 〈한겨레신문〉을 상대로 소송을 냈다. "정신적 피해를 조금이나마” 보상받기 위해 20억 원이라는 거액을 청구한 것이다. 그것도 ‘무자격 한약업자 로비의혹사건’ 보도와 관련해 아무런 해명이나 일체의 확인도 없이 수사기관의 수사결과나 정정보도 청구의 결과도 기다리지 않고 바로 법의 판단을 구하고 있는 것이다.

우리는 현철 씨의 막후 역할에 대해 청와대 쪽이 인정을 하던 하지 않던 그가 현재 ‘공적인 인물’로 생각한다. 그러면 이번의 소송 건이 한 사람만의 판단은 아닐 것이라는 추측이 가능해진다. 물론 대한민국은 법치국가이기 때문에 법에 호소하는 행위는 당연한 권리이다. 그러나 지난 1992년 대선과정에서 나돌던 각종 선거자금 또는 정치자금 의혹 사건과 관련해 상당수의 언론들이 유·무형의 압력을 받았고 이 가운데 유독 〈한겨레신문〉만은 끝까지 ‘한약업자 로비의혹’을 추적보도하자 소송을 낸 데에 주목할 필요가 있다. ‘압력’과 ‘사건의 확산’을 막으려는 의도로 짐작된다.

이번 사건의 진상규명은 법정에서 가려질 수밖에 없게 됐다. 그러나 지금까지의 우리 법원 실상으로 볼 때 대통령에 관계되는 ‘진실’이 제대로 드러나겠는가에 의문을 갖지 않을 수 없다. 때문에 정치자금 수수설에 대한 수사는 별도로 엄정하게 이뤄져야 한다. 권력에 연연하지 않는 수사기관과 사법부의 자세만이 역대 독재 권력 아래서 탄생했던 ‘비운의 황태자’를 막을 수 있다.

(1994년 5월 7일 〈언론노보〉 242호)

북한을 보는 눈 아직도 '사시' 인가

한 나라의 주권은 외교상에도 동등한 권리를 가짐을 뜻한다. 따라서 나라와 나라끼리 맺는 각종 조약도 상호 평등을 전제로 이뤄져야 한다. 그러나 분단현실의 산물인 '한미방위조약' 의 경우 가장 불평등한 조약의 대표적인 사례라는 지적이 있어왔다. 가령 핵무기 반입

의 경우 미국은 마음만 먹으면 언제 어느 곳이든지 남한 정부와 사전 동의 없이 들여와 설치할 수 있다는 것이다.

이것은 미국이 중남미 여러 군소 국가들과 맺고 있는 각종 조약에서 핵무기 반입·설치의 경우 대상국가의 국회동의를 구하도록 한 것과는 대조적이다.

더구나 미국의 가장 오랜 식민지 국가였던 필리핀조차 얼마 전 미군기지 사용제도를 놓고 철수를 요구하다 사용료를 물게 한 것을 보면 우리나라 곳곳에 깔려 있는 미군 기지들의 무상사용 문제도 곰곰이 생각해봐야 할 부분이다.

물론 남북대치 국면에서 우리 정부가 미군주둔을 바라는 입장이고 보면 불평등을 감수할 수밖에 없지 않느냐는 반문도 나올 수 있다. 그러나 냉전체제가 무너지면서 남북관계 개선이 어느 때보다 절실한 시점에서 핵문제가 걸림돌로 작용하고 있음을 보면 발상의 전환이 시급하다는 생각이 든다.

적어도 언제 어디든지 남한에 핵무기 반입·설치가 가능한 미국을 상대하려는 북한의 입장을 놓고 보면 북한이 왜 '핵카드'로 '일괄타결'을 노리는지에 대한 신중한 접근이 필요하다.

그런데도 우리 언론들은 북한이 미국만을 상대하려 한다며 비난하면서 대화의 테이블에 나와야 한다고 주장하고 있다. 상대방에 대한 이해 없는 일방적인 주장은 국민들에게 혼란만 조장할 수 있는 것이다.

표류하는 남북관계를 보면서 핵문제와 관련해 또 다른 인식의 전환이 필요하다. NPT를 탈퇴한 북한의 '강대국 핵 패권주의' 주장이 그것이다.

북한은 국제무대에서 왜 미국을 비롯한 강대국들만 핵무기를 갖고 있어야 하고 제3세계들은 가져서는 안 되는지 의문을 끊임없이 제기하고 있다. 그러한 주장들이 일정 부분 설득력을 갖고 있는 것도 사실이다.

북한정권이 호전성을 버리지 않고 있는 데에 따른 우려에서 보면 별개의 문제이지만 핵문제를 놓고 보면 상대방에 대한 이해 없이 원만한 대화는 어려워질 수밖에 없다는 판단이 든다. 이러한 문제에 대해서도 언론들은 '불바다' 발언 등을 확신시켜 국내 강경론자들의 입지만 옹호하고 있는 것이다.

한미 간 강경론자들의 입김에 대한 문제점은 산발적으로 지적됐지만 미국이 핵을 문제 삼아 북한을 몰아치고 있는 배경에는 남북 간에 긴장국면을 유지시켜 군수산업을 주종으로 한 국익차원의 정략이 깔려 있음을 간과해서는 안 된다. 이에 따라 앞서 지적한 것처럼 적어도 남한이 주권국가로서 자주외교나 통일정책을 수행하기 위해서는 우리 내부에 깔려 있는 여러 모순들을 제거하고 상대방을 인정, 공존을 꾀하면서 통일국가를 지향하는 비전제시가 필요하다.

언론의 힘이 어느 때보다 큰 시점에서 통일을 위한 전향적인 자세나 시각교정을 위해 남북관계를 취재하는 기자들의 자성과 진지한 탐구가 필요하다. 연맹이 주최하는 '북한취재 관련 기자 토론회' 도 그런 필요성에서 열리는 것이다.

(1994년 5월 14일 〈언론노보〉 243호)

문민정부와 편집권 수호

-외압에 의한 침묵 종지부 찍어야

"**침묵**하는 것은 아무 것도 하지 않는 것이 아니라 너무나 많은 일을 저지르는 것이다."

이 글은 최근 유력일간지 노조 공보위 광장에 익명으로 투고한 젊은 기자 조합원의 글 끝 부분이다.

김현철 씨 보도와 관련해 전날 제작한 신문에 3단 제목으로 실렸던 기사가 다음날 시내판부터 빠지고 대부분의 신문·방송들이 사건의 본질 추적보도를 외면하고 있는 가운데 최근 한 월간지와의 인터뷰에서 김현철 씨는 자신을 '공인'으로보다 '대학원생 김현철'로 봐달라고 주문했다. 누가 들어도 웃을 일이다.

대통령의 가족들은 역할 유무를 떠나 공인의 신분이다. 경호원들이 붙는 것이 그렇고 세인의 이목이 집중되는 인물이라는 점이 그렇고 더구나 김현철 씨 경우에는 정치부 기자들도 여권 내에서 두 번째로 영향력이 많은 인물로 생각하고 있다는 사실이 이미 〈언론노보〉를 통해 밝혀진 바 있다.

그러나 이러한 지적에 대해 김씨는 "의도를 가진 보도에 대해 언급할 가치가 없다"고 잘라 말했다. 진실에 목마른 국민들은 본질을 비껴가는 이러한 언급이나 피상적인 보도에 답답증만 더해갈 뿐이다.

한약업자 정치자금 수수 의혹에 대해 과연 김현철 씨가 관련돼 있느냐 없느냐 하는 궁금증이 더해가고 있는 가운데 〈동아일보〉 기자들이 김영삼 정권 출범 이후 보도문제와 관련해 처음으로 편집권 수호를 결의했다.

언론의 편집권은 어느 정권이 들어서도 지켜져야 하는 것이지만 문민정부가 들어서서도 편집권 수호라는 말이 나옴에 심한 아이러니를 느낀다.

〈동아일보〉 기자들의 이 같은 편집권 수호결의는 20년 전인 1974년 10월 24일 그들의 선배들이 언론자유 수호 결의를 한 것과 일맥상통한 점에 우리는 유의한다. 유신 독재 시절 언론을 말살하려는 권력의 횡포에 의연히 맞선 선배의 뒤를 이어 20년 후인 지금 새로운 형태의 언론탄압에 후배들이 공정보도를 향한 의지를 밝힌 것이다.

언론이 정부와 권력의 감시자로서의 비판과 견제기능을 상실하고 언론자본이 권력 앞에 순종할 때 언론은 또 다른 감시자를 필요로 한다. 우리는 그 같은 예로 KBS의 시청료 거부운동을 상기하고자 한다.

〈한겨레신문〉에 대한 전대미문의 거액소송사건과 함께 〈동아일보〉를 비롯한 각 신문과 방송 등에 가해지는 유무형의 권력형 압력을 보면서 언론노련은 새로운 형태의 언론탄압에 맞서 언론수호의 의지를 새삼 다진다. 전국 기자조합원 서명운동과 공청회, 시민연대, 국제기구와의 연대활동 등이 그것이다.

의혹은 감출수록 눈덩이처럼 커지고 압력이 더할수록 용수철의 힘은 커질 수밖에 없음을 상기시키면서.

(1994년 5월 21일 〈언론노보〉 224호)

기자란 무엇인가?

기자란 무엇인가? 끊임없이 묻는 직업이다. 훌륭한 기자란 많이 알고 똑똑한 사람이 아니라 사안의 핵심을 잘 물을 줄 아는 사람인 것이다. 이러한 기자들의 질문은 취재목적과 방법에 있어 사회정의와 대중의 궁금증을 해소시키는 것으로 이어질 때 우리는 기자직을 '사

회의 목탁'이라고 흔히 부른다.

그리스의 유명한 소설가이자 언론인인 올리아나 팔라치는 한때 세계의 독재자들과 인터뷰 기사로 필명을 날렸는데 우간다의 독재자 이디 아민조차도 그녀의 부드럽고도 날카로운 질문 공세를 피할 수 없어 그의 폭력성의 허구를 낱낱이 털어놓고야 말았다.

이처럼 의문부호와 함께 사는 기자들은 취재대상이 권력의 핵심부와 가까울수록 벽이 두꺼워져 굵직한 사건의 추적이 어렵고 확인 절차도 까다로워진다. 권력은 역시 자신의 치부를 감추는 속성일 수밖에 없다.

그럼에도 불구하고 '국민의 알 권리' 확대가 필요해지는 것은 무엇인가? 그것은 바로 정보가 일부 권력층의 점유에서 전체 국민들로 넓혀질 때 국가이익이 커진다고 보기 때문이다. 또 언론의 중요성은 일부 기득권층이 점유하고 있는 정보들을 대중에게 확산시키는 역할에 있기 때문이기도 하다.

최근 군 전력 증강사업과 관련한 고위층의 비리사건 수사에 국민들의 의혹이 커지고 있다. 이른바 '성역 없는 수사'에 의문점이 제기되고 있는 것이다. 이와 관련해 〈중앙일보〉 취재기자가 오보로 구속까지 됐다. 연맹을 비롯해 단체들은 1981년 이후 중앙일간지 기자가 보도와 관련해 처음으로 구속된 것을 두고 정부의 '감정적인 대응'을 규탄하고 있다.

우리가 감정적이라는 용어를 쓴 것은 오보와 관련해 충분히 사과와 정정을 했는데도 이례적으로 구속까지 했기 때문이다. 따라서 정부의 이 같은 감정적인 조치는 이번 사건이 한 신문사나 한 기자만의 문제가 아니라 전체 언론의 문제로 인식하는 폭이 확산되고 있다.

'알 권리' 충족에 대한 정부의 대응이 감정적이라는 것은 취재기자의 확인 작업이 차단되는 상황에서 언론의 자유가 그만큼 위축된다는 뜻이다. 따라서 이번 사건의 이성적인 대안은 오보였다면 왜 오보였느냐는 내용의 공개였어야 했다. 사안의 핵심인 '권 국방 율곡사건 관련설'에 대한 해명 없이 취재과정에서의 잘못만 문제 삼는다면 이 땅의 언론인 가운데에 과연 몇이나 살아남을까?

따라서 우리는 이번 사건과 관련해 정책대안으로 정보공개법을 만들자는 것이다. 1974년 개정된 미국의 정보자유법(FOIA)은 정부에 끊임없이 질문을 퍼붓는 제4부인 언론의 조사저널리즘을 위해 헌법에 규정한 언론·출판의 자유에 기초하고 있다. 다만 국방·외교 정책상 보호를 필요로 하는 정보의 제외 규정도 대통령령으로 비밀지정 자료를 줄이고 있고, 행정기관의 내부 자료도 조사관과 감독관, 감사관에 대한 행정기관의 내부지시가 공개된다면 '법률위반자의 적발을 현저하게 방해'하는 경우 역시 제외하고 있다. 이 같은 정보공개에 대한 법률은 미국뿐 아니라 캐나다, 영국, 독일, 프랑스 등 서방선진국들 대부분이 채택하고 있다. 더구나 이번에 구속된 정재헌 기자에 적용된 '출판물에 의한 명예훼손죄'는 '고의적으로 비방할 목적'이 근간을 이루고 있다. 오보인 줄 알면서 보도하는 기자가 과연 몇이나 될까?

(미게재문)

나발의 변

첨단매체와 화석

우리가 매일 접하는 텔레비전 화면은 사실 속임수이다. 수상기 뒤에서 쏘는 수많은 주사선이 브라운관에 맺히는 잔상을 눈의 착각현상에 의해 움직이는 연속체로 보면서 내용에 따라 울고 웃는 것이다.

20세기 최대의 경제공룡인 일본은 TV 수상기 개발에서는 방송국과 사기업의 협조관계가 유별나, 이미 고밀도의 화상을 자랑하는 하이비전을 소니가 개발해 NHK 방송을 통해 88서울올림픽 때부터 방송한 바 있다.

국가이익을 위한 이 같은 협조는 그러나 방송가에서는 포클랜드 전쟁에서 영국의 BBC 방송이 보여준 태도와는 대조적인 것으로 보고 있다. 당시 수상 대처는 영국의 전쟁 도발을 비판적인 시각에서 보도하는 BBC에 대해 국가이익을 고려해 자제해줄 것을 요청했지만 BBC 측은 어느 특정 정당의 이익보다는 공정한 방송이 오히려 국가를 위한 것임을 전제로 묵살했다.

이 같은 사례는 미국의 워싱턴포스트지의 워터게이트 사건 폭로 기사와 같이 언론종사자들뿐 아니라 일반인들에게도 잘 알려진 고전들도 많다. 그러나 지방자치제 실시를 맞아서도 여전히 중앙 종속적인 우리의 언론 상황에서는 해결돼야 할 일들이 많다.

우선 제일 중요한 전제는 지역 언론인들의 시각교정과 함께 촌기자로부터의 탈출이 급선무이다. 여기에는 일정기간 지나면 전문기자로서 갖춰야 할 소양교육과 재충전의 시간이 필요하다.

두 번째는 독자나 시청자들의 끊임없는 감시와 독려가 필요하다. 서울의 풍부한 정보와 세련된 전달방법에 익숙해지다 보면 지역보도에 대해 우습게 여기기 쉽다.

셋째는 6공 들어 우후죽순처럼 늘어난 지역 언론들의 과잉경쟁 행위이다. 5공에서는 언론을 통폐합해 언론을 통제했지만 6공에서는 언론을 풀어서 스스로 견제하려 한다는 비난을 받고 있는 터이기 때문이다.

이상과 같은 개괄적인 모색에서도 지역 언론종사자들은 밖에서 생각하는 만큼 이상적인 직종은 아닌 것이 확실하다. 왜냐하면 이상만 갖고 종사하기에는 현실이 너무 팍팍하고 현실에 안주하다 보면 직업인으로서의 윤리의식이 결여되기가 쉽기 때문이다.

따라서 오늘날 우수한 수많은 젊은 후배들이 소위 언론고시라는 매스컴시험에 구름같이 몰려드는 것을 보면서 한 가지만 지적하고자 한다. 그것은 선망의 직종을 향한 저돌적인 뛰어듦보다는 전문 직종으로써의 적성과 함께 과연 언론인이 되었을 때 무엇을 할 것인가 하는 목표설정이 중요함을.

사실 방송업무에 종사하다 보면 남다른 애환이 많다. 특히 비디오와 가까워지다 보면 사람들에게 친숙해지기는 어렵고 내용에 충실하기보다는 겉포장에 더 신경이 쓰인다. 따라서 TV기자는 탤런트적인 성격이 강하다. 그만큼 사람의 감성에 호소하기 쉽다는 뜻이다. 그러나 여기서 조심할 것은 안방에서 누구나 편안히 볼 수 있고 감정을 자극하기 쉽기 때문에 그만큼 종사자들에게 안 보이는 압력 또한 심하다. 그 예로 과거부터 야당 정치인들에게서 TV의 편파보도에 대한 지적을 유달리 많이 받아온 것도 이러한 맥락에서 보면 된다.

필자가 근무하는 부산방송본부 보도국은 사실 방송기능의 압축판으로 보면 된다. 1·2 TV와 1·2 라디오, 서울 전국 방송 참여, 특집방송, 일본 NHK 교환방송 등 참여의 폭이 엄청나게 넓고, 취재해야 할 분량도 많다. 그러다 보니 사건기자들의 신경은 24시간 열려 있다 해도 과언이 아니다.

새벽부터 밤늦도록 일에 매달리다 보면 자기충전의 기회는 없어지고 머리는 공동화(空洞化)된다. 따라서 1초를 30등분 하는 편집기에 매일매일 매달리면서도 정작 초등학생들도 쉽게 만지는 컴퓨터는 제대로 만지는 사람이 별로 없는 신세대들이 말하는 '화석인간'으로 변해가는 것이 솔직한 실태다. 그러나 무엇보다 심각한 문제는 인간으로서 기본적인 친구관계에서 가족, 대인관계에 이르기까지 폭넓은 인간관계가 없어져간다는 것이다. 방송인은 그래서 외롭다.

(1992년 9월 11일 〈부산대 민주동문회보〉)

거룩한 분노는 종교보다 깊고

사람이 태어나서 이 세상에 필요한 역할을 하고 간다는 것은 퍽 어렵다. 왜냐하면 시대나 주변 여건이 한 사람의 의인(義人)을 만들기에는 요즘 세상이 너무 각박하기 때문이다.

옛날 선현들은 자기를 알아주는 사람을 위해 목숨까지 기꺼이 던진다고 했다. 그러나 지금은 어떤가? 처신을 옳고 그름에 두지 않고 몇 푼돈에 자신을 파는 경우를 너무 자주 보기 때문에 오히려 지조(志操)를 논하는 자체가 케케묵은 것처럼 보이기도 한다. 그러나 생각해보라. 우리가 왜 이 땅에 태어나 같은 공간에서 숨 쉬고 있는가를….

내가 처음 기자생활을 시작한 J일보는 당시 상대지 D일보와의 경쟁에서 살아남기 위해 대중지를 표방하고 나섰다. J일보가 표방하는 대중지란 현대의 독자들은 지사(志士)적인 논조보다 많은 정보를 원한다는 것이다. 따라서 더 많은 독자를 확보하기 위해서는 독자들이 흥미 있어 하는 내용을 많이 게재해야 하기 때문에 취재기자의 시각에서가 아니고 편집자의 욕구충족을 위해 그만큼 다른 신문보다 혹사를 당해야 했다.

지금은 정부의 고관이 된 당시 지방판 데스크는 "우리는 D일보와 같은 지사형 기자는 필요 없다. 다만 읽을거리를 많이 주워오는 기자만 필요할 뿐이다"라고 공언했을 정도였다.

지금 생각해보면 여론을 선도하는 신문이 아니라 차라리 백과사전을 만드는 것이 나았을 것이라는 생각도 들지만 당시 올챙이 기자인 나에게는 분명히 큰 충격으로 받아들여졌다.

권력의 횡포와 공직자들의 부조리, 핍박받는 서민대중들의 목소리를 생생하게 전달해야 할 소임을 가진 기자가 고작 편안한 30~40대 주부들의 기호에 맞는 흥밋거리나 넝마주이식으로 주워 오라는 데에 대한 알레르기 반응이라면 너무 자의식에 찬 생각이었을까?

그 후 백과사전식의 대중지에 길들여진 나는 편력에 큰 획을 긋는 언론통폐합이라는 폭거 때문에 완전 타의로 지금의 직장에 근무하게 됐다. 물론 통폐합 당시에는 회사 측이 나눠준 백지 사직서를 항상 갖고서 이른바 '라도 선생' (교사직을 비하한데서 나온 말로 선생질이라도 한다는 뜻)을 배수진으로 술로써 살았다.

지금도 일방적인 인사발령으로 회사 내부에 이산가족이 계속 생기고 있지만 1985년인가 나는 울산 파견 기자생활 때 12대 총선을 취재하게 됐다. 물론 공공연한 보도지침으로 상당히 주눅 든 기사를 매일 송고했지만 그래도 후보 4명이 유세를 하면 여당후보를 먼저 쓰고 뒤에 야당후보를 나열하는 식으로 배려해 기사를 보냈는데 웬걸 부산보도국장의 불호령과 함께 호출명령이 내려졌다.

인사권자의 절대명령이라 다음날 부산에 도착한 나에게 그 국장은 핏기가신 얼굴로 이른바 'KBS의 감을 못 잡는 기자' 라는 누명과 함께 30분 넘게 책상 앞에 세워놓고 장광설을 시작했다. 내용인즉 여당후보를 적어도 두 멘트 이상 다뤄주고 나머지 3명의 야당후보는 간단히 한 멘트로 줄이지 않았다는 것이다. 나는 할 말이 막힐 만큼 한심한 생각이 들어 "여기 있는 기자들 모두 이렇게 열중쉬어 자세로 오래 세워놓는 것을 원하지 않는다" 했더니 날더러 자유당 시절 기자라고 호도하면서 욕설까지 뱉는 것이 아닌가! 더 한심한 것은 이를 지켜본 동료 선배 기자들이 '먹고 살기' 위해 할 수 없으니 사과하라고 애원조로 이야기하기에 뿌리치고 나왔는데 그 후 그 국장은 서울에 올라가서도 '이사도라' (24시간 도라이)라는 별명을 갖게 됐다는 말을 듣고 고소를 금치 못했다.

　민주화 선언과 함께 언론사들이 우후죽순처럼 생기고 있다. 물론 언론은 많을수록 좋다는 생각에는 변함이 없다. 사회 각계각층의 이익을 대변해주고 부족한 언로(言路)를 창출하는 문화현상을 획일적으로 통폐합하려 든다면 그것이야말로 시대착오적인 발상이리라. 하지만 언론의 핵은 언론인이다. 언론인은 단순한 기능인이 아니기 때문에 건전한 시각과 함께 전문가로서의 의지를 필요로 한다. 이웃의 고통과 하소연을 단순히 흥밋거리가 못 된다 해서 간과하는 언론인을 생각해보라.

　나는 최근 경향 각지에서 새로 태어나는 언론사들을 같은 입장에서 지켜보면서 오늘의 한국 언론인들이 해야 할 일들을 생각해본다. 그것은 단지 지금보다 다른 회사의 대우가 조금 나으니 자리를 옮긴다는 식의 철새 언론인을 우리는 경계해야 하기 때문이다. 또한 상대가 강하면 숨고 상대가 약하면 폭로주의식으로 대중의 흥미에 영합하려는 저널리즘의 비열한 속성도 탈피해야 함을 전제로, 새롭게 태어나는 언론사의 기자들은 지사적인 자세로 재무장해야만 다시는 언론통폐합에다, 편파왜곡 보도라는 이 땅의 언론사(言論史)의 오명을 버릴 수 있기 때문이다.

　따라서 오늘 이 시점에서 나는 수주(樹州) 변영로(卞榮魯) 선생의 시「논개」중에서 "거룩한 분노는 종교보다 깊고"라는 구절을 의미망으로 삼는다.

(월간 『현장』 1988년 10월호)

바야흐로 백가쟁명의 시대가…

바야흐로 언론의 백가쟁명(百家爭鳴) 시대가 왔다. 입이 있는 모든 사람들이 입을 열려는 것이다. 모든 사람들이 입을 열려는 것은 과거 군사 독재체제에 의해 막힌 봇물이 지난해 6월을 전후해 한꺼번에 터지면서 입맛에 영합하려는 신문, 잡지 등 정기 간행물이 잇따라 출현하고 있고 또 인가 절차를 밟고 있다.

부산도 예외는 아니다. 지난 1980년 세계 언론사에 전대미문의 통폐합이라는 폭거 이후 이른바 제도권 언론이라는 4대 언론매체만 존재하던 부산언론의 암흑기가 깨어지고 있는 것이다. 400만 부산시민의 자존심을 살리기 위해서라도 '내 고장의 유일한 대변지'로 운운해왔던 '1도 1지'(한 광역지역에 한 신문)의 아성은 깨어져야 한다는 대명제 아래서이다.

이러한 분위기 아래서 또 다른 우려가 없지는 않다. 언론의 양적 팽창 아래 또다시 이른바 골목길을 누비며 몇 평 무허가 건축 행위를 고발하겠다거나 얄팍한 중소기업의 비리를 보도하겠다는 사이비의 부활을 우려해서이다.

현재 필자가 파악한 부산지방 언론계의 동향은 1980년 문을 닫은 〈국제신문〉의 복간 움직임과 함께 지난 7월 문공부에 정식 등록한 〈항도일보〉가 대청동 옛 삼일공사 자리에 신축건물을 임대해 진주지역 언론인들을 주축으로 발간준비를 서두르고 있고, 역시 〈국제신문〉에서 편집국장을 역임했던 이광우 씨가 주축이 돼 〈한얼신문〉이 부산에서 나오리라는 전망이다.

복간이나 새로 나올 신문들이 하나같이 겪고 있는 심각성은 구인난이다. 왜냐하면 16면 증면에다 깨끗한 색채화보 등 중앙일간지에 길들여진 부산 독자들의 입맛에 맞는 신문을 만들어내려면 아무리 항도 부산의 특성을 살리는 신문을 만든다 하더라도 최소한의 실무경험이 있는 기자들을 확보하지 않으면 안 되기 때문이다. 그러나 부산에 연고를 둔 기자들 가운데 신규 등록 신문들이 확보할 수 있는 인원은 극히 한정돼 있다.

가령 〈부산일보〉의 예를 들어보자. 〈부산일보〉는 현재 16면 발행 체제에 근무하고 있는 편집국 기자는 경남 등 지방 주재기자 30명을 포함해 120명에 이르고 있다. 이 같은 기준으로 볼 때 신규 신문들이 최소한 확보해야 할 기자 수는 100명 선은 돼야 기본적인 일간지 형태를 갖출 수 있다는 셈이 된다. 물론 새로 뽑는 사람과 실무경험이 있는 중견기자 배분을 반반씩 한다 해도 50명 선의 중견기자를 확보한다는 것 또한 쉽지 않으리라. 이 때문에 〈국제신문〉 복간 소식은 지난 6월부터 꾸준히 시중에 나돌고 있으나 아직 정확한 청사진은 나오지 않고 있고, 9월부터 신문을 발행하겠다고 약속했던 〈항도일보〉도 아직 나오지 못하고 창간 현수막이 누렇게 퇴색돼가고 있다.

부산에서 발행할 신문들의 이 같은 움직임에 상당히 자극을 받은 쪽은 역시 6대 중앙 일간지들이다. 중앙지들은 서울에서의 치열한 스카우트 열풍으로 집안 단속을 열심히 해야 하는 와중에서도 부산이라는 시장 확보를 위해 또다시 부산 주재기자들을 양껏 확보하기 위해 안간힘을 쏟지 않으면 안 되는 절박한 상황에 놓이게 된다. 역설적인 예는 엊그제까지 주재기자 스카우트를 지시하던 지방부 모 부장이 새로 생기는 신문으로 자리를 옮겨 다시 부산으로 내려와 스카우트 지시를 한 주재기자를 자리를 옮긴 회사로 와달라고 요청을 한다.

이 같은 와중에서 가장 스카우트의 주된 목표가 연합통신 기자들이다. 연합통신은 뉴스 공급의 독과점 업체라고 불릴 정도로 5공화국이 생기면서 가장 각광을 받던 제도권 언론이었으나 5공화국 몰락과 함께 사양길에 접어들어 경험 있는 기자들이 대우가 좋고 안정적이라는 매체로 자리를 옮기는 예가 가장 많다.

신문들의 이 같은 난립상과 함께 눈에 띄게 늘어나는 것은 전문지와 월간지 등 정기 간행물이다. 현재 부산시청에 기자를 출입시키겠다고 통보해온 언론사들은 경남신문, 경북일보, 월간 리포트, 매일경제, 월간 부산여성, 농수축산, 생활환경, 한국세정, 월간 공해안전, 노정신문, 민경신문, 대한산업신문, 공해방지사, 건설경제신문 등 부산과 직접적인 관련이 없는 신문만도 모두 14개사이다.

이 밖에 부산시가 파악한 부산에 간판을 내건 신문은 일본승공신문, 공해신문, 월간 부동산정보, 일간공업신문, 한국경제신문, 부산라이트 신문, 한일종합, 한국공업신문, 매일신문, 월간 사회교육, 대한경제일보, 주간 국기신문, 청소년신문, 검경신문, 법률신문, 환경법률신문, 코리아헤럴드 등 모두 17개사이다.

필자가 이처럼 장황하게 재부 언론사들의 이름을 열거하고 있는 것은 그 이름에서 보듯 일부는 전문성을 살려 꾸준히 존속해오는 경우도 있지만 상당수는 최근 들어 갑작스레 생기고 있다는 사실이다. 우리는 과거의 예에서 보아왔듯이 언론매체들이 다수의 이익을 대변한다고 표방하고 있지만 상당수는 개인이나 정권, 재벌의 이익을 위한 방패역할을 암암리에 자행했기 때문에 자연 독자들의 손에서 멀어져갔다.

이러한 선례에서 우리가 이 시점에 함께 반성해야 할 것은 언론은 정도(正道)를 걸어야 한다는 것이다. 물론 개인의 생각은 거리낌 없이 발표할 수 있는 기회는 얼마든지 주어져야 한다. 하지만 여러 사람의 생각을 사실 그대로 알리되 민중의 여론을 올바르게 이끌기 위해서는 이 시대의 언론의 역할이 한층 더 중요해진다. 이와 함께 언론은 매체의 거창함에도 불구하고 사람이 만든다는 사실을 잊어서는 안 된다. 때문에 언론인은 어느 다른 공인(公人)보다 공인의식을 더 갖지 않으면 안 된다. 왜냐하면 여론의 오도행위는 어떤 다른 범죄행위보다 무서운 것이기 때문이다.

과거 무분별한 군사정권에 동료와 후배들의 목을 서슴지 않고 갖다 바쳤던 언론인들이 지금은 독재정권에 핍박받은 언론인으로 자처한다든지, 동료의 아픔을 외면한 채 독재정권에 아첨해왔던 제도권 언론인들이 지금은 중견 언론인들로 새롭게 거듭 태어나려는 후배들을 백안시(白眼視)한다든지 하는 풍토는 언론인들의 정도(正道)는 아닌 것이다. 이와 함께 우후죽순처럼 마구 생겨나는 언론사에 소신 없이 입신영달을 위해 철새처럼 자리를 바꿔 자주 옮기는 언론인들 또한 언젠가는 신선한 후배 언론인들에게 배척받는 날이 오지 않는다고 장담은 못 할 것이니 이 시점에 모든 언론인들의 각성이 어느 때보다 절실함을 느끼면서 글을 맺는다.

(월간 『현장』 1988년 11월호)

PUBS의 민주화를 기대하며

대학생활은 '맘껏 공부할 수도 맘껏 놀 수도 있는 생활'이라지만 나의 70년대 대학생활은 그러지도 못했다. 공부에다 아르바이트에다 교지편집에다 방송기자까지 1인 4역이 불가피했기 때문이다. 얼핏 들으면 매우 자유분방한 생활이라고 생각될지 모르지만 한곳에

머물 수 없었던 불확실성의 시대에 살면서도 가만히 있을 수 없었던 나름으로의 발버둥이었다고 기억된다. 하지만 학교생활 덕분으로 지금도 방송으로 밥 먹고 살고 있기 때문에 나름으로의 발버둥이 유효했을지 모른다.

정확히 1971년 PUBS 부산대학교 방송은 지금의 문리대 본관 꼭대기에 설치한 메인엠프에서 오전 8시 30분 경기병 서곡으로 시작됐다. 시그널이 효원에 울려 퍼지면 가슴 두근거리는 감격을 맛보았다.

꼭 짚어 학교방송 기자가 어떻게 해야 하는지 정도(正道)는 없었지만 형대(현재 경남대 교수) 형의 자상한 도움으로 열심히 출발했었다. 아나운서 한홍식(현재 부산대 국민윤리학과 교수) 군, 이성희, 이아영 양, PD에 김문옥, 기술에 김춘식 군 등의 이름이 기억된다.

유신방학을 전후한 당시의 학교 분위기는 매우 어수선했던 것 같다. 제법 교내에서 데모 분위기로 전운(戰雲)이 감돌고, 이념 서클에서는 그룹 스터디가 유행했었다. 젊은 학생들의 눈에 비친 서글픈 군사독재의 현실을 어떻게 받아들여야 하느냐가 일반 학생들의 관심 화제였지만 그래도 방송기자라는 나의 신분은 학내에서의 움직임을 어떻게 보도해야 하느냐는 주체성에 고민도 꽤 했던 것 같다.

지금은 PUBS(Pusan University Broadcasting System) 보도지침이 자율적으로 되는지 어떤지는 알 수 없지만 당시 보도반은 방송국장이 일차로 검열을 하고, 조금 문제가 된다 싶은 것은 학생처장까지 결재를 맡아야 하는 경직성을 면치 못했다.

그러한 분위기에서 당시 서클인 한사회(한국 사회문제 연구회의 약칭으로 기억됨)에서 부산대 교수들 앞으로 보내는 유인물이 기자들에게 입수됐다. 내용은 연세대 한 교수가 양심에 가책을 받아 도저히 학생들을 더 이상 가르칠 수 없어 교단을 떠났는데 우리 학교 교수들은 어떤 느낌인지를 묻는 것이었다.

우리는 낮 뉴스시간에 이 내용을 그대로 방송하기로 결의하고 방송에 들어가 아나운서가 몇 멘트를 읽자마자 변전소에서 스위치를 꺼버렸다. 이어 학생처 간부 직원들이 노기를 띠고 방송국으로 물밀듯이 들이닥쳤고, 기사작성 학생들을 중심으로 부스(방송을 위해 밀폐한 방) 안에서 심문이 시작되었다. 그중 한 사람은 나의 생활기록부를 가져오게 해 아버지 직업까지 외쳐 되고는(나의 아버지는 평생을 노동을 하시면서 자식들만은 공부를 시켜 자신처럼 고생을 시키지 않겠다는 말을 입버릇처럼 하셨다) 붉은 줄(제적)을 그으라고 엄포까지 놓았었다. 약간의 공포심도 있었지만 "당신들은 교수냐 행정가냐"를 따졌고 "아버지의 직업과 나는 전혀 별개의 것"이라고 제법 항의까지 한 기억이 난다.

그 사건으로 나는 더 이상 PUBS에 대한 애착심이 가셨고, 이항전 선배의 따뜻한 위로가 지금까지 잊을 수 없는 기억으로 남아 있다. 그 후 복학했을 때, 나를 퇴학시키겠다고 으름장을 놓았던 그 교수는 자기 아들이 데모를 한 혐의로 학교 요직에서 물러난 아이러니를 목격했다.

우리는 누구나 유아적인 추억이나 공포 같은 것을 갖고 있기 마련이다. 방송기자로는 유아적인 공포라 할 수 있는 그 사건이 그 뒤에도 계속 나의 뇌리에 남아 있지만 아직도 나는 그 사건을 훌륭하게 극복하지를 못하고 지내고 있다.

후배들의 끊임없는 항의와 돌팔매, 풀릴 길 없는 검열과 감시, 감독의 분위기에서 자유스럽게 기사를 쓸 수 있는 언론의 해방기는 오지 않았다. 물론 언론의 자유는 언론인 스스로 쟁취하는 것이지만 스스로 쟁취해야 한다는 명제조차도 아직 정립되지 못한 현실을 직시하고 있다.

따라서 선배로서 부끄럽게도 제언하는 것은 후배들의 현실참여가 주위의 현실부터 직시하면서 동심원을 그려달라는 것이다. 역사는 결코 후퇴할 수 없는 것이기에 발전적인 측면에서 참여 쪽을 선택해 달라는 것이다. 그렇게 숱하게 돌팔매질을 하면서도 졸업 때가 되면 회사 문에 입사시험 원서를 사기 위해 줄지어선 후배들을 보면서 나는 오늘도 우리의 PUBS가 민주화로 착착 잘 진행되어가길 마음으로 기대한다.

(부산대학교 방송국 동문회지 〈소리방〉 1988년 겨울호)

한 사람의 언론 희생양

"용서하라. 그러나 잊지 말자." 미국이 진주만을 침공당한 뒤 루즈벨트 대통령이 국민에게 한 말이다. 이긴 뒤의 여유로 보고 싶다.

그러나 우리에게 있어 개인과 국가는 어떤가? 과연 국가라는 거대한 조직은 한 사람의 인권을 제대로 보호해주고 있는가? 그것도 국민의 눈과 귀를 대변하는 한 기자에 대해서는 어떤가?

KBS 부산방송본부 강철구(33) 기자가 구속된 지 넉 달이 다 돼가는 시점에서 가져보는 의문점이다.

강 기자가 범죄사실을 부인하고, 검찰 측 증인들이 잇따라 법정에서 진술을 번복하는 등 움직일 수 없는 흔적들이 곳곳에서 드러나는데도 법원 측은 '의심이 나면 무죄'라는 상식을 뒤엎고 실형을 선고한 것이다. 이를 지켜본 양식 있는 시민들은 "현직 기자도 저렇게 당하는데 하물며 애꿎은 시민들이야…" 하며 암울한 표정을 짓는다.

이번 KBS 강 기자 사건에 대한 동료들의 시각은 이렇다. 서기원 사장 퇴진과 방송 민주화운동, 이어 제작 복귀 후 변화의 틈바구니에서 KBS 사원들의 가장 예리한 의지를 꺾어놓기 위해 강 기자는 희생양이 됐다는 시각이다.

기자라는 움직일 수 없는 신분과 무죄를 주장하는 입장에서 도주의 우려가 없음에도 굳이 보석신청을 기각하고, 법정에서 양심선언을 한 증인에게 온갖 압력을 가하고 그리고 KBS 내부 간부층의 무관심이 복합적으로 작용해 강 기자는 계절이 두 번 바뀌도록 부산구치소 3212번의 수의를 입고 있다.

그가 비록 사회부 기자 경력 4년의 연륜이 짧은 기자생활에도 불구하고 울산 현대근로자 '테러' 경찰개입사건 보도나 이번 사건에 깊숙이 개입한 모 검사 일행의 초록카페 단속경찰관 손찌검 사건 보도, 이어 양산 군유지 특혜 불하사건의 집중 보도 등에서 보여주는 눈부신 활약은 4년이라는 짧은 기자 경력이 모자랄 정도로 화려하다.

또 올해 한국기자상 옥중수상으로 그의 아픈 시련이 다소 위안이

됐다 해도 취재 중인 기자를 무선호출기로 느닷없이 불러 변호사 선
임 기회도 박탈한 채 전격 구속하는 오늘의 한국 언론현실은 언론인
모두가 풀어야 할 숙제로 남는다.

'기자에게는 국경이 있지만 취재에는 국경이 없다'는 관념구가
통하지 않는 현실이라지만 언론인들의 자사 이기주의가 극치를 이
루는 요즘 상황에서 강 기자 사건을 보는 언론들의 모습도 각양각색
이다. 검찰로부터 약점을 잡힌 일부 언론인들은 진실의 핵심을 외면
한 채 검찰의 입장만 보도했다. 또 KBS 내부 일부 직원들은 동료 직
원이 무죄를 주장하며 추운 감방에서 투쟁을 벌이는데도 강 건너 불
구경식의 태도로 일관하고 있다.

"…진실이 외면당했을 때의 그 참담함은 차라리 엄청난 적개심과
허탈감을 동시에 안겨주었습니다. 건전하고 맑은 의식들로 가득한
우리들의 가슴에 쐐기를 박는 행위는 그 어떤 이유로도 납득할 수도
용서할 수도 없는 일입니다."

강철구 기자가 최근 동료에게 보낸 편지의 한 부분이다. 분노로 가
득 찬 그의 심정의 단면을 보는 것 같다. 그러나 최근 면회를 한 결과
그의 분노는 이제 많이 가라앉았고 냉정을 되찾았으며 자신보다 바
깥을 더 걱정하는 여유와 함께 양심과 정의로 법정진술을 해준 정곡
순(대홍주점 종업원) 씨가 상처를 입지 않도록 오히려 염려하고 있
었다.

지난 3월 서기원 사장 퇴진 운동으로 이 땅에 방송 민주화의 횃불
을 올린 지 여섯 달이 지나가고 있다. 그러나 언론은 스스로 올곧게
일어서지 못하고 한 사람의 희생양을 방관하고 있다.

강 기자 사건은 이 나라 언론의 현실에서 빙산의 일각에 지나지 않지만 그가 영어(囹圄)에서 해방되는 날, 온갖 비리는 밝혀질 것이 분명하다. 아침저녁 날씨가 차가워질수록 밖에 있는 몸이 안에 있는 몸보다 더 옥죄여온다.

(기자협회 KBS 부산 분회지 『글샘』 1990년 9월호)

조직 활성화의 거름으로 삼을 터

– 제23회 한국기자상 수상 소감

'천무절인지로(天無絶人之路)', 나그네는 길에서 쉬지 않는다. 실감나는 말이다. 언론에 종사하는 사람의 일은 불황이 없고 그래서 쉴 틈이 없다. 끝이 안 보이는 사건의 터널에서 계속 가다 보면 미궁 (迷宮)의 연속에서 청춘을 보내기 십상이다.

오로지 힘을 가진 자의 논리가 승리하는 1991년에 나는 회의한다. '인도(人道), 과연 옳은가?' 라고….

불과 20여 명밖에 안 되는 적다면 적은 조직에 기협은 큰 용기를 북돋워주었다. 그것도 절반이 이탈하거나 수수방관하는 냉소적인 분위기가 팽배해 있던 지난해 KBS 방송 민주화 투쟁 때 구속된 강철구 기자에게 기자상 수상의 기회를 주었고, 국내에서 첫 면폐증 환자 발견 기사와 관련해 같은 상이 주어졌으며, 이번에는 조그마한 글 모음집 몇 권으로 한국기자상 공로부문을 받게 됐으니 어찌 흥감한 노릇이 아니겠는가?

사람이 사람을 보상할 때 두렵듯, 조직이 조직을 격려할 때 더욱 두려움을 느낀다. 그것은 결과에 대한 보상이라기보다 앞으로의 행동에 안 보이는 시선을 의식하기 때문이다. 따라서 보상은 마음의 격려로 새기고, KBS라는 큰 조직 속에 조그마한 기자들의 집단도 마음만 먹으면 못 할 것이 없다는 당근과 채찍의 의미로 되새긴다. 고맙다.

장동범(기자협회 KBS 부산 전 분회장)

(1991년 8월 1일 〈기자협회보〉)

장군봉으로 오를 날은 언제…

1. 들어가며

한민족의 공통된 염원이 있다면 그것은 무엇이겠는가? 물을 것도 없이 바로 통일이다. 그렇다면 통일의 공통된 한민족의 정서는 무엇이겠는가? 그것은 한민족의 일원이라면 누구나 공통된 상징물인 백두산(白頭山)이리라. 백두산! 중국 옛날의 지리책인 『산해경(山海經)』에서는 불함산(不咸山)이라 일컫는 민족의 영산(靈山), 백두산! 한번 보면 꿈에도 못 잊는 한민족의 위대한 정서, 그 백두산에 우리는 간 것이다. 중국인들은 사내대장부라면 누구나 만리장성에 올라야 진짜 대장부가 된다 했지만 배달겨레라면 누구나 오르고 싶고 가보고 싶은 백두산에 우리는 가서, 본 것이다.

글로서 감정을 들추어내는 일이 냉정을 잃는 짓인 줄 알지만 적어도 백두산을 말하면서 흥분하지 않는 한민족은 없으리라. 어쨌든 백두산은 거기에 있었고 인간의 시간으로 측정할 수 없는 세월의 흐름에도 조금도 변하지 않는 신비와 엄숙과 웅장함과 아름다움, 특히 배달겨레의 자랑으로 굳건히 있었다.

단순히 등산가가 '산이 있었으므로 갔노라' 가 아니라 누구나 가야 하고, 가서 보아야 하는 필연성으로 우리는 간 것이다. 그러나 우리는 남의 나라 땅으로 둘러, 그것도 남의 나라 땅 이름인 장백산(長白山)에서 백두산을 볼 수밖에 없었다.

2. 백두산 가는 길

한마디로 백두산 가는 길은 너무나 멀고 어려웠다. 1991년 9월 12일 아침, 김포공항에 모인 11명의 기자들 표정은 약간 상기돼 있었다. 개중에는 나중에 안 일이지만 이미 백두산을 가본 기자 1명이 있었지만 나머지 10명은 모두 초행이었고 취재차 가는 여행이 아니라 1991년 한국기자상 수상자들이었기에 이번 보상여행에 나름대로 상당한 자부심과 여유를 가졌음도 사실이었다.

공항 달러 교환 창구에서 호화, 사치여행 억제 분위기 탓인지 피땀 흘려 벌어들인 달러를 바꾼다는 것이 조심스러웠지만 꼭 필요한 만큼의 돈을 바꾸어 홍콩행 비행기로 출국했다. 그러나 2시간 30여 분만에 도착한 홍콩에서 우리 일행은 당장 곤경에 빠지고 말았다. 북경행 중국 민항기가 이미 출발하고 만 것이다. 국내 중국여행 알선 여행사가 항공기 스케줄을 착각해 잘못 짜는 바람에 여행 첫날부터 우리 일행은 국제 미아(迷兒)가 되고 말았다.

영국 식민지로 영국 총수익의 30%를 차지한다는 홍콩은 국제 '쇼핑천국'이라 불리는 만큼 물건을 팔고 사는 사람들로 인종 전시장을 방불케 할 정도로 공항이 붐볐고 우리 일행은 대한항공의 구석 칸 바닥에서 5시간 가까이 기다려 현지 여행사 사람과 접촉할 수 있었다. 이 과정에서 '이라크' 전쟁터에서 취재경험이 있는 MBC 강성주(姜聲周) 기자의 역할이 돋보였다. 생각지도 않은 홍콩에서 중국대륙으로 들어가는 국제열차로 마침내 우리나라의 몇 안 되는 미수교국인 중화인민공화국으로 들어갔다. 도착한 도시는 중국 남부지역 경제

특구인 광저우(廣州).

중국 12억 인구의 국부로 숭앙(崇仰)받는 쑨원(孫文) 선생의 고향이기도 한 광저우는 지나인(支那人)들이 많이 사는 만큼 현지 기온이 섭씨 37도로 무더웠다. 그러나 여행은 항상 의외의 면에서 즐거움이 있는 법.

초조하고 긴장했던 기자들은 '나는 비행기와 네 발 달린 책상을 제외하고는 무엇이던지 다 먹는다'는 중국의 4대 요리 중 하나인 광둥요리를 접하고는 즐거운 비명을 올렸다. 외국인 전용의 광저우식당에는 식욕을 돋우느라 우리의 해금과 비슷한 실내악이 연주되기도 하고 짧은 시간에 요리를 먹어치운 일행 중에는 식당모습을 카메라에 담는 강인한 취재력을 발휘하는 사람도 있었다. 광저우에서의 짧은 체류시간을 아쉬워하며 우리는 선양(瀋陽)행 비행기를 타는 공항으로 향했다.

우리나라 사람의 중국여행에는 반드시 중국 현지의 교포 젊은이들이 관광 안내자로 붙게 마련인데 우리말을 익숙하게 하는 이 현지 '가이드'들은 교포 젊은이 가운데서도 상당히 똑똑한 사람들이어서 모든 것이 생소한 가운데에도 우리의 미래를 보는 것 같아서 가슴 벅찼다.

광저우공항은 때마침 추석 귀향객들로 만원을 이루어 탑승 수속을 밟는 과정에서 중국인들의 느긋함을 대변하는 '만만디' 기질을 찾아볼 수 없을 만큼 질서가 없었다.

마침내 백두산을 가자면 꼭 거쳐야 하는 선양(옛 봉천)행 비행기에 몸을 실었다. 비행시간 3시간여. 우리의 좁은 국토로는 상상도 못

하는 중국대륙을 종단하는 장장 4천㎞의 구름바다 위로 비행기는 뜬 것이다. 중국인 특유의 노리끼리한 체취가 '에어컨'으로 사라질 무렵, 무표정하지만 예쁜 여승무원들이 거의 던져주다시피 한 기내 과자와 즙을 받고는 피로한 눈을 감았다.

선양에 도착한 것이 밤 11시에 가까웠고 짐을 찾느라 기다리는 동안 끽연욕구가 더할 수 없었지만 공안원들의 벌금통지서 때문에 참을 수밖에 없었다. 민족 식당에서 밤늦게 준비한 야참을 먹으면서 일행들은 53도의 고량주를 곁들여 우리가 선양까지 왔음을 실감했다. 공업도시 선양은 다롄항(大連港)과 푸순(撫順) 탄광의 지하자원들로 해서 공업발전의 원동력으로 중국이 기대하는 바가 큼을 알 수 있었다.

싹싹한 교포 젊은이 '가이드'의 안내로 다음날 선양 시내 관광에 나선 우리는 청(淸)나라 시조(始祖) '누루하치'의 무덤이 있는 북릉(北陵)을 둘러보면서 비로소 중국의 문화재나 고궁, 유적지는 그 자체에 의미를 두기보다는 단순한 관광자원으로 더 비중을 두고 있음을 실감했다.

인민의 착취와 권위주의의 상징인 궁궐에 놀러 나온 중국인들은 문화재에 대한 관심보다 유원지로 활용할 만큼 차라리 느긋한 표정들이었다. 그럴 수밖에 없는 것이 무덤 앞의, 바다와 같은 인공호수와 호수에서 파낸 흙으로 산을 만드는 과정에서 얼마나 많은 사람들이 죽어갔고 신음했는가를 생각해보면 알 수 있을 것이다. 선양 관광 중 뜻하지 않는 사고가 발생했다. 일행 중 한 사람이 식당에서 지갑을 잃어버린 것이다.

외국여행에서 필수적인 여권과 지갑은 항상 몸에 붙여놓고 다녀야 하는 것이 상식이지만 자본주의 국가가 아닌 중국에서의 소매치기란 생각도 못한 일이었다. 공안당국에 신고를 해놓고도 찾을 수 없다는 것을 예상했지만 막상 당하고 보니 당황스러웠다. 백두산 관광을 목적으로 한 한국 여행자들이 늘어나면서 '달러'가 든 지갑을 노린 소매치기 범죄는 자본주의 물결이 시장경제에 스며들면서 앞으로 중국이 해결해야 할 하나의 과제인 것 같았다.

선양에서의 야시장 구경과 자질구레한 사람들의 생활상은 접어두고 이틀 동안의 선양 일정을 끝내고 우리는 조선족 자치주의 지린성(吉林省) 옌지시(延吉市)를 9월 15일 찾았다. 프로펠러 기종인 '트라이던트' 민항기의 둔탁한 엔진소리를 가슴 졸이며 들으면서 하늘에서 내려다본 산하(山河)는 어딘지 우리의 강산(江山)과 닮은 만주 벌판의 모습이었다.

아! 옌지공항의 간판에 너무나도 선명한 한글. 광저우에서의 찌는 듯한 무더위와는 대조적인 초가을의 따뜻한 햇볕. 여기저기서 들려오는 우리 말씨. 정녕 중국 땅인데도 거기에는 우리말과 글, 낯익은 얼굴, 순박하면서도 밝고 부지런한 한겨레의 얼이 고스란히 살아 숨쉬고 있는 것이 아닌가? 눈물이 나도록 경이롭고 반갑고 기뻤다. 홍콩에서나, 광저우에서나, 선양에서의 안내원보다 훨씬 우리다운 여자 안내원은 승합차 안에서 설명한다.

"여러분, 반갑습니다. 여기는 조선족 자치주의 연길입니다. 여기서 모든 글씨는 반드시 한글을 앞에 써야 하고 다음이 한자입니다. 조선족이 아닌 중국 사람도 우리말과 글을 익혀야 합니다."

가슴이 찌르르했다. 일찍이 우리말과 글에 대해 이처럼 가슴 벅찬 감동을 가진 적이 있었던가! 정녕 민족의 개념은 혈연의 당위성을 제외하고는 땅보다는 언어의 동질성이 앞서는 것이 아닐까?

‘개장국장’ ‘랭면집’ 등의 간판을 정겹게 보면서 옌지의 고급호텔에 무거운 짐을 풀고 가벼운 차림으로 백두산으로 향했다. 포장도로, 비포장도로를 합해서 5시간은 족히 걸린다는 말에 따라 성급한 백두산 상상은 접어두고 느긋한 마음으로 차장 밖의 모습들을 보기로 했다.

용정, 해란강, 선구자. 일본의 폭정에서 벗어나 나라를 찾겠다는 일념으로 고생한 선조들의 거룩한 뜻이 스며 있는 곳. 나무의 기상이 너무나 당당하고 잎들의 처진 모습이 마치 푸른 기와를 얹어놓은 것과 같아서 감옥에서도 나무를 생각하며 용기를 잃지 않았다는 일송정. 그러나 일제는 그 나무를 사격의 과녁으로 삼았고 그래도 죽지 않자 뿌리에 독초를 심어 마침내 죽이고 말았다는 설명에, 둘러보고 싶었으나 너무나 빠듯한 일정이었다. 우리는 선구자 합창으로 단순한 여행자가 아니노라고 성열들이 답했다.

또 백두산 가는 길은 어떠했던가. 원시림을 실어 나르는 대형차들로 다져진 비포장도로의 먼지조차도 향긋했다. 물경 5시간의 장거리 여행에도 지칠 줄 모르는 우리의 호기심도 어둠과 함께 서늘해지는 공기에 숙소에 도착했을 때는 파김치가 될 만큼 백두산 가는 길은 멀기만 했다.

3. 아, 천지(天池)!

필자는 백두산에 대한 주관에 앞서 졸시(拙詩) 「산수 간에」의 "산에 가면 산을 모르고 물에 가면 물을 모른다. 그럴 수밖에. 우리가 산수 간에 사는 것을…" 전문(全文)부터 먼저 인용한다. 다시 습작한다. "백두산에 가면 백두산을 모르고, 백두산을 벗어나면 백두산을 모른다. 그럴 수밖에. 우리가 백두산인 것을…" 어떻게 보면 지나친 감정이입일지 모른다. 그러나 백두산에 가보라. 어떤 느낌이 드는가를… 필설(筆舌)로 형언할 수 없는 그 무엇, 오로지 우리 민족만이 느낄 수 있는 감회, 우리의 시작이 여기에 있고 우리의 끝이 여기에 있음을….

백두산으로 상징되는 하늘못(천지)을 보는 순간, 그 어떤 말보다 다만 아! 하는 짧은 탄성과 함께 한동안 숙연해지는 비장미(悲壯美)를 감출 길이 없었다. 그래서 최근 어떤 소설에서 강조하는 백두산족(白頭山族)의 영광이 결코 지나친 허구만은 아님을 실감하게 된다. 동아시아에서 가장 으뜸가고 우수한 민족, 백두산의 정기(精氣)로 미래의 등불이 될 자질을 갖춘 겨레를 엿볼 수 있는 우리의 상징이기에 우리가 곧 백두산이란 영상은 쉽사리 짐작이 가리라.

9월 16일 새벽, 숙소를 떠난 일행은 천지를 오르는 입구에 도착했다. 그러나 공원 입구에는 장백산(長白山)이란 이름이 너무나도 선명히 눈에 들어왔다. 우리는 비로소 우리가 오르는 이 길이 우리의 땅이 아닌 남의 나라 땅임을 뼈저리게 느꼈다. 이 같은 느낌은 전날 옌지를 떠나 숙소에 이르기까지 까다로운 검문과정에서 중국 관리

들의 오만한 자세에서도 알 수 있었지만 정작 자연공원 입구에 이르
자 산은 그대로인데 산의 주인이 다름에, 이름도 달리 불림을 일깨워
주었던 것이다.

사실 우리가 미수교 국가를 여행하는지라 사전교육을 통해서 알
았지만 그곳 관리들이나 중국인들은 백두산을 찾아 밀려오는 한국
인들을(그것도 남의 나라를 통해) 이해할 수 없다는 표정이었다. 그
러나 1990년 '아시안게임'을 유치한 중국은 적극적인 개방을 통해
외화를 벌어들이기 위해 안간힘을 쏟고 있었고 따라서 관광자원으
로써 백두산 관광은 한국인 관광객들에 대한 큰 돈벌이로 여김을 볼
수 있었다.

아무튼 우리는 공원 입구에서 간단한 선물을 사고 기념촬영을 한
뒤 천지로 향했다. 천지에 이르는 백두산 길은 앞서 이야기한대로 비
포장 길이었지만 길가의 숲은 그야말로 나무의 전시장 같았다. 30m도
넘게 자라 있는 홍송(紅松). 현지 사람들이 소나무라도 너무나 미끈하
게 잘생겨 미인송으로 부르는 숲, 고산지대에 어울리는 악화(岳華)나
무 하며, 더 높이 오르니 관상용의 낮은 나무에서 돌 사이 이끼까지 한
마디로 백두산은 나무의 보고(寶庫)였다. 이 때문에 백두산은 세계적
인 자연보호 구역으로 지정돼 중국인 학자들뿐 아니라 세계적인 식물
학자들도 정기적인 관찰을 하고 있어 화재를 제일 조심했다.

숲을 거의 벗어나자 시야에 들어오는 광경은 마치 외계의 한 행성
에 도착한 것 같은 생소한 모습이었다. 그럴 수밖에 없는 것이 천지
주변 산들은 화산 폭발로 인해 생긴 용암들이 식어 이뤄진 것으로 불
그스름하거나, 짙은 초록색을 띤 산봉우리에서부터 회색, 검은색들

로 각양각색의 모습을 하고 있었다.

천지로 올라가는 입구에서 일행은 우선 폭포부터 구경하기로 했다. 현지에서는 장백폭포로 불리는 이 폭포는 천지물이 풍구(風口, 만주벌판에서 불어오는 바람의 유일한 통로)를 통해 떨어지는 유일한 곳으로 여기서 떨어지는 물이 압록강과 두만강, 송화강의 원류가 된다.

68m 높이에서 수직으로 떨어지는 천지폭포는 멀리서나 가까이에서나 장관을 이루어 일행의 입들을 다물지 못하게 했다. 몇몇 사람들은 폭포 가까이에서 잠시 짬을 내 지표온도 32도의 노천 온천을 즐겼다. 폭포 옆으로 아스라이 사람이 오를 수 있는 길도 나 있었지만 빠듯한 시간 때문에 할 수 없이 그대로 내려와 천지를 오르는 입구에 있는 관리사무소에서 제공하는 차에 올랐다.

천지로 오르는 길은 천지 바로 밑에 있는 관측소(기상대) 직원들이 이용했으나 몇 년 전에 관광도로로 포장을 했고, 길이 워낙 가파르고 급 '커브' 지점이 많아 도로에 익숙한 현지 운전자에게 돈을 주고 탈 수 있도록 돼 있다(실제 지난해인가 천지관광을 하던 중국인들을 태운 차가 벼랑으로 굴러 많은 인명피해를 냈다고 안내원이 전해주었다).

약 30분 정도 걸렸을까? 눈 아래로 펼쳐진 백두산은 엄청난 크기로 다가왔다. 해발 2천700m가 넘는 꼭대기에서 내려다본 중국 만주벌판의 넓이와 그 광활한 곳을 포용하고 있는 백두산의 위용! 해서 한라산처럼 한눈에 돌올(突兀)한 산에 익숙했던 우리로서는 실제 백두산의 모습은 천지에 오름으로 해서 감각으로만 짐작할 수밖에 없는 크기로 존재했다. 따라서 백두산은 장백산 외에도 예부터 여러

나라에서 그냥 큰 봉우리(大峰), 큰 산(大山), 산 가운데 큰 산 태산(太山) 등으로 불렸음을 이해하리라. 실제로 우리 일행은 전날 5시간 넘게 백두산에 이르면서 도대체 백두산이 어디에 있느냐고 물었더니 안내원이 여기가 바로 백두산이라며 산길을 가리키는 것을 경험했다.

백두산의 가장 큰 상징. 정점(頂點). 불확실한 크기 때문에 구체적인 모습이 필요한 인간에게 이것이 바로 그것이라고 대답해줄 수 있는 곳. 우리 민족의 성소(聖所). 우리의 얼이 응축된 곳. 어머니 뱃속 같은 의미. 그래서 일상사(日常事) 가운데서도 떠나지 않는 신비의 이미지.

보기 전이나, 보고 난 뒤나 또다시 보고 싶고, 꼭 봐야 할 곳. 한겨레인이라면 누구나 기억해야 하는 곳.

아! 천지(天池).

1991년 9월 16일, 오전 10시. 한국기자상 수상자 10명은 마침내 천지를 본 것이다. 일 년 열두 달 가운데 완전한 모습을 보기는 지극히 어려운 그 천지의 완전한 모습을 우리는 보고만 것이다. 너무나 깨끗한 모습. 그래서 오히려 눈을 의심하기도 했던….

잘 찍은 천연색 사진처럼 조요(照耀)하고 푸르다 못해 눈이 시리기까지 한 천지는 분단된 조국의 현실을 아는지 모르는지 태연하게 하늘에 떠 있는 구름까지 투영하면서 누워 있었다.

이스라엘 민족은 불모의 사막을 젖과 꿀이 흐르는 '가나안'으로 미화했지만 우리 민족에게는 이처럼 복된 성지(聖地)가 분명 존재하고 있는 것이다.

해발 2천600m급 16개 봉우리에서 흘러내리는 물이 고여서 이뤄진 '칼데라' 형 호수. 수면 해발 고도 2천189m, 둘레 13㎞, 최대 수심 373m. 무색무취. 그러나 이러한 기하학적 수치가 무슨 뜻이 있겠는가. 천지를 보고서는… 자연의 조화가 어떻게 해서 우리 민족의 정서와 일치하는지에 대해 궁금증만 더할 뿐.

다만 공통점은 어떻게 해서 한반도의 끝에서 끝까지 두 정점에 이렇게 하늘 못이 만들어졌느냐 하는 점이다.

사람들은 숙연했다. 더 이상 하늘 아래 이처럼 훌륭한 구조물은 없다는 자부심으로 가슴 벅찰 뿐이었다. 다만 중국 땅 천문봉에서 남쪽으로 바라다본 북한의 장군봉으로 해서 백두산에 오를 수 없는 현실이 안타까울 뿐이었다.

백두산은 천지를 중심으로 5분의 3은 북한 땅이었다. 천지에는 원래 생물이 살지 않았는데 북한 측에서 6~7년 전에 산천어를 방류해 굵은 산천어가 장백폭포를 타고 떨어져, 관리사무소 직원들의 매운탕으로 간혹 이용된다는 귀띔을 들으면서 산을 내려왔다.

4. 연변 주변

백두산을 내려오면서 나는 생각했다. 집을 떠나 4박 5일 일정 동안 미지(未知)에 대한 동경이, 때론 불안감까지 겹쳤던 여정이 사실 천지를 보면서 끝났다고 생각했다.

사실 이번 여행은 천지가 '클라이맥스' 였는데 홍콩→북경→백두산 일정이 홍콩→백두산→북경 식으로 꼬이면서 볼 것 다 보았다는 허탈감까지 생겼던 것이다. 그러나 백두산 자락은 마치 어머니 치마처럼 자락 곳곳에 우리 민족들이 스며들어 살고 있었던 것이다.

옌지공항에 도착했을 때 현지 안내자는 "고생 끝에 낙이 온다"는 우리 속담을 또박또박 우리말로 예견해주었고 그 낙을 만끽했던 것이다. 비록 체제는 달랐지만 연변 주변은 우리와 같은 핏줄들이 밝고 순박한 모습으로 열심히 살고 있었고 민족의 통일을 염원하며 이제 그 오랜 고생 끝에 낙을 찾으려 하고 있었다. 백두산 아래 마을인 안도(安圖)현의 조선족들은 1960년대에나 볼 수 있었던 재래식 시장에서 우리 입맛에 맞는 음식과 입성거리들을 팔고 있었고, 일행 중 한 사람의 외가 쪽 항렬을 가진 60대 아주머니가 반갑다고 손을 놓을 줄 모르는 모습도 보았다.

이 세상 어디에 가서 연변 주변만큼이나 흘러간 우리 문화의 어둡지 않은 모습을 또 찾아볼 수 있단 말인가? 옌지로 돌아오는 일행들은 백두산에 다녀왔다는 안도감에 지쳐 있었지만 선구자의 고향, 용정(龍井)은 빼놓을 수 없었다.

80년 역사의 용정중학에서는 '죽는 날까지 하늘을 우러러 한 점 부끄럼 없이 살다' 간 별의 시인(詩人) 윤동주 선생을 닮으려는 눈이 초롱초롱한 우리의 학생들을 보았고 용정의 기원이 된 우물에서 사진도 찍었다.

그러나 숙소인 옌지의 호텔에는 우리 관광객들이 버리고 간 쓰레기가 곳곳에 눈에 띄었다. 단순한 관광이 아닌 우리의 처음과 과거를 찾아 나선 길에 버리고 돌아온 쓰레기. 잠시 객고(客苦)를 못 이겨 추태를 부린 현장에는 호텔 층층마다 감시원이 붙어 방을 나가고 들 때마다 일일이 감시원에게 방문을 열어달라고 해야 할 판국이었다.

또 한국 관광객들을 위해 현지에 고용된 교포 아주머니는 20명이 넘는 한국 남자 관광객들이 초청장을 보내주겠노라며 사진까지 받아가고는 여태 소식이 없노라고 안타까워했다.

나는 얼마 전 연변을 다녀온 저명인사의 말을 기억한다. "연변 조선족들은 한국의 경제발전을 반가워한다. 그러나 그들은 결코 한국에 귀속되기를 원치 않았다. 왜냐하면 비록 소수민족이라 할지라도 같은 국민으로 포용해주는 중국의 중화사상이 그들에게는 더 소중하기 때문이다." 그렇다. 우리가 못살던 시절 초가집과 옛 글투의 한글, 유행에 뒤떨어진 입성에도 불구하고 그들은 분명 우리와 같은 핏줄인데 아직도 그들 앞에 으스대는 모습은 없었는가? 오히려 경제성장에 찌들려 멍들고 어두운 마음이 그들의 밝고 순박한 기질 앞에 부끄러운 생각은 들지 않았는가? 고구려의 옛 땅이 분명 만주벌판에 있었고 선양의 역사박물관에는 고구려의 옛 땅이 표시돼 있었는데도 우리는 왜 우리 민족의 영산(靈山)인 백두산을 남의 나라 땅으로 해서 가야 하는가?

여러 가지 착잡한 생각으로 해서 옌지를 떠날 때는 북경관광에 대한 기대가 오히려 시큰둥해졌다.

5. 맺는 말

중국은 분명 변하고 있었다. 그것은 '죽(竹)의 장막'으로 상징되는 중국으로만 인식해온 일행들로서는 여기가 사회주의 국가인가

의심이 들 정도로 변하고 있었다. 아무도 정확한 인구를 모른다는 중국. 지난해 개괄적인 통계만으로도 12억 인구의 중국은 분명 소련과 다른 방식으로 바뀌고 있었다.

천안문(天安門)사태 이후 일부 지식인들 사이에 정치적인 민주화 요구가 일고 있지만 중국은 여전히 그들 나름으로의 사회주의 체제를 고수하고 있었다. 다만 경제만은 급격히 개방화로 나아가는 듯했다. 말하자면 12억 인의 '빵문제' 부터 먼저 해결하자는 것이다. 이것은 필자처럼 정치에 문외한이라 하더라도 소련과 다른 방식으로의 문제해결 접근방식이었다.

철저한 남녀평등 의식에서부터 계층 간의 위화감 축소, 근면한 국민성 등이 우선 한정된 이번 여행에서 받은 인상이었다.

일행의 현지 여행을 책임진 안내원은 빠른 시일 안에 서울 북경 간 직항로가 개설될 것이라 한다. 그러면 한국인들의 백두산 여행은 홍콩을 거쳐 많은 시간을 뺏기는 번거로움이 없어지리라.

그러나 무엇보다 백두산 관광 안내원의 송별인사가 지금도 생생하다.

"선생님 여러분, 여러분은 우리 민족의 영산, 백두산을 보시기 위해 억울하게도 너무나 먼 길을 둘러오는 수고를 하셨습니다. 분단된 조국이 하나 되어 우리 땅으로 해서 바로 백두산을 구경할 수 있는 그날까지 무병장수하십시오."

(기자협회 발행 『저널리즘』 1991년 가을호)

내적인 언로부터 트자

취재에는 국경이 없지만 기자에게는 국경이 있다. 소속감을 말하는 것이다. 소속은 곧 조직체 내부의 유형, 무형의 일체감을 가질 때 공감대가 형성된다. 그러나 우리의 현실은 어떤가?

　암울, 굴종, 타협, 기만 등 온갖 우울한 단어를 나열하지 않더라도 언로(言路)의 병목현상을 심각하게 느낄 수 있다.

그것은 허용기준치를 밑돌까 말까 하는 공해물질이 체내에 계속 누적될 때 돌이킬 수 없는 중병을 앓는 것과도 일치된다.

그래서 시류에 관계없이도 조직의 활성화 소리가 어느 때보다 강렬해질 수 있는 것이다. 거듭 말하자면 살아 있는 조직이 돼야 한다는 말이다. 그러나 KBS 부산 보도국은 어떤가?

통폐합 이후 숱한 인물의 명멸 속에 갈팡질팡했던 적은 없었는가? KBS는 나의 직장이고 내가 주인이라는 당연한 상식이 통하지 않고 타율에 나 자신을 떠맡긴 적은 없었는가? 상부하달은 있어도 하부상달의 논리는 통하지 않은 것은 아닌가? 언어의 질서를 찾아야 한다. 그것은 언론창달의 책임이 있는 우리에게 주어진 기본과제이다.

내적인 질서 없이 외적인 질서 또한 기대할 수 없는 일이다. 그러면 우리의 언로(言路)를 트이게 하는 방안은 무엇인가?

바로 대화(dialogue)의 재개인 것이다. 대화는 나와 너의 마음을 터놓고 발가벗고 앉았을 때 가능한 것이다. 일방적인 말문은 상대가 마음의 문을 닫았을 때는 단순한 독백(monologue)에 지나지 않는다.

커뮤니케이션의 활성화를 기대하기 위해서는 선행 조건이 있다. 말의 질서를 잡아주는 교통순경이 필요하다는 뜻이다. 그러나 우리의 조직에 말의 질서를 잡아주는 역할은 과연 누구이고 또 있는가? 경영학개론적인 경영관리의 상식은 중간관리자들의 기본적인 역할을 강조한다. 우리에게 중간관리자 계층은 구체적인 언급 없이도 스스로 알 수 있다. 후배들의 견해, 행동까지도 통제할 수 있는 기층의 언로를 터주는 역할은 포기하는 것일까? 그것은 막연한 상급계층의 정보전달이 아니라 조직의 민주화를 위한 말의 전달인데도….

이른바 '기협활동 활성화'를 선언한 지 여섯 달이 넘어서고 있다. 일부에서는 우리의 몸부림을 백안시(白眼視)하거나 사갈시(蛇蝎視)하는 경향도 없지 않다. 그러나 우리의 구심점은 더욱 튼튼하게 흔들리지 않게 나가 동심원의 확대, 발전을 꾀할 것이다.

우리의 말을 담는 그릇을 처음으로 만들어보았다. 그것은 투박하고 서툰 도공이 만든 질그릇일 수도 있다. 그러나 진솔한 우리의 모습은 조금도 부끄럼이 없다. 당당함도 포함해서… 말의 전달자로서 글이 샘솟듯 하자는 뜻도 부연한다.

작은 출발이지만 늦었다고 생각하는 바로 그때가 빠른 길이라는 것을 알리면서….

(『글샘』 1988년 봄호)

초를 쪼개는 마술사의 비애

평면적으로 사람의 삶의 단위는 시간으로 측정된다고 할 수 있다. 이 시간은 근대적인 계수로는 해, 달, 날, 때 그리고 분, 초로 구분한 다는 것은 상식이다. 그러면 과연 초를 나눠 먹고 사는 사람들이 있다면 누구이겠는가?

흔히들 기록에 도전하는 운동선수를 생각하리라. 물론이다. 100미터 스프린터가 1초를 줄인다는 것은 분명 코페르니쿠스적인 자기발전으로 평가될 수 있다.

그러나 이 순간에도 초를 다투는 또 다른 직업군이 있다. 바로 방송인들이다. 날로 발전하는 반도체 기기들 가운데 가장 첨단을 걷는 방송기자재들. 안방의 안 보이는 시청자들을 위해 온갖 마력을 발휘하는 최신 방송장비들 가운데 방송기자들이 늘 대하는 기기는 바로 편집기이다.

이 편집기는 놀랍게도 초를 30분의 1로 쪼개내는 능력을 갖고 있다. 그래서 뉴스편집은 바로 마력을 갖고 있는 이 편집기의 능력으로 쏟아지는 뉴스들을 처리해 나간다. 특히 경상도 사람들과 인터뷰를 하노라면 "에-" 하는 일본식 발음이 많이 들어가는데 1초를 30분의 1 프레임으로 쪼개내는 편집기에 맡기기만 하면 아무리 말 못하는 경상도 사람도 달변가로 바뀌고 만다.

이러한 예는 좋은 것에 속하지만 5공화국 시절 필자가 들은 사례로 원주에 있는 모 주교가 자신의 이야기를 모두 방송해주면 인터뷰에 응하겠노라고 실현 불가능한 줄 알면서 기자에게 말했다. 그러나 이 기자는 우선 취재지시 때문에 그러마고 약속했고 그날 밤 9시 TV 뉴스에 나온 내용은 분명 그 주교의 목소리였는데도 희한하게 짜깁기된 방송이 나가 항의를 했다는 일화가 있다. 오디오를 편집하고 거기에 맞는 화면을 입히는 마치 마술 재봉사와 같은 역할의 방송기자들.

초를 다투는 방송시간 앞에 1초를 30등분하는 업무. 9시 TV 뉴스가 나가는 중에도 천지 대사건이 터지면 서울과 마이크로웨이브(방송통신시설)를 열어 전국을 한순간으로 묶어나가는 고된 직업. 분명 현대사회가 낳은 또 다른 언론인들의 모습이다. 그러나 정작 방송을 끝내고 나면 마치 연극인이 무대의 막이 내려졌을 때 느끼는 공허감과 같은 것을 맛봐야 하는 것은 반드시 방송내용이 불만이어서가 아닌 비정한 기계와 싸워야 하는 색다른 직업의식에서이다.

눈만 뜨면 켜는 TV, 눈감기 전에는 마지막 애국가를 들어야만 잠이 온다는 노인들, 그래서 TV는 어쩌면 현대인들의 생활의 일부가 되어버린 것만 같은, 생활에서 떼려야 뗄 수 없는 필수불가결한 것이다. 더구나 TV는 활자매체와는 또 다른 시대의 총아로 인간의 오감(五感)에 호소하고 보면 유해론에 앞서 잘만 이용하면 엄청난 문명의 이기(利器)로 등장하리라는 것은 방송언론인으로서의 자만에서 나온 것만은 아니다.

TV가 냄새까지 맡게 할 수는 없다지만 그럴싸한 음식을 화면에 비추면 사람들은 분명 군침을 흘리는 효과까지도 연출해내는 것이다. 이러한 엄청난 매체를 움직이는 방송인들은 순간과 싸우는 고된 직업인들이다.

초를 다투는 사람들의 생태를 연상해보시라! 예를 들면, 택시기사가 갑자기 강아지 한 마리가 뛰어들었을 때 급정거를 한 뒤 느끼는 감정을 생각해보자. 필자는 이 순간을 '생명지수의 엄청난 감소'라고 이야기하곤 한다. 사람이 태어날 때 갖고 나오는 삶의 에너지를 물리학자들은 최근 '엔트로피'란 용어를 사용하는데 누구보다 이 귀중한 엔트로피를 가장 남발하는 대표적인 직업이 방송인이지 싶다.

　그만큼 사람의 에너지를 많이 소모시키는 짓이 방송이기 때문이다. 그래서 시청자들이여, 방송장이들에게만은 제발 관대하기를 빈다. 특히 촌방송 기자들에게만은 더욱 어머니 같은 관용을 빈다.

　모자라는 인력에, 모자라는 기자재에, 주문은 서울사람 못지않게 많은 여건에 휩싸인 촌방송 기자들은 그래서 정치, 경제, 사회가 제 갈 길을 못 갈수록 쏟아지는 비난의 홍수 속에 파묻히고 만다.

　쌓이는 스트레스, 격무 속에 술 취한 시청자들의 전화욕설, 1초를 30등분하는 편집기 앞에 앉아 30분 뒤에 나갈 뉴스를 편집하노라면 자신이 전생에 무슨 업보를 지었기에 이토록 정신없이 살아야 하는가 하는 비관에 빠진다. 1초를 30등분하는 에너지를 소모해야 하는 촌방송 기자들은 그래서 내일 새벽 6시에 일어나 중계차를 타고 마이크를 잡아야 하면서도 새벽 1시 선술집에서 냉장고 속에 든 술을 찾아야 직성이 풀리는 것이다.

(『르포 다이제스트』 1988년 8월호)

나발의 변

"**팽이**는 알맞게 맞아야 돈다." 나는 이 말을 좋아한다. 누구의 말인지 정확히 기억은 나지 않지만 어느덧 직업과 관련해 강산이 변해버린 이 시점에서 새삼스레 되뇌는 이유는 직업 윤리상 내가 내 역할을 과연 다하고 있느냐는 의구심이 생기기 때문이다.

정상적인 사회를 잘 도는 팽이에 비유하라면 채찍은 언론이기에, 게을리 쳐서도 죽고 너무 세게 쳐도 마찬가지다. 그러나 최근 이러한 역할에 의문을 가진 보이지 않는 수많은 시청자들로부터 오히려 호된 채찍을 받으면서 자성의 물결이 일고 있다.

그것은 이른바 왜곡편파에 대한 불만이 극에 달하면서 심야에 걸려오는 전화에서도 잘 나타나고 있다.

새벽 2시. 보도국 외근기자이면서도 일 년에 거의 석 달 가까이 회사에서 자야 하는 당직이 걸리면 밤 뉴스를 진행하고 다음날 아침뉴스까지 준비를 끝내는 시간이다.

"여보세요 방송국이죠? 당신들 그것밖에 보도 못해? 배운 사람들이 아무리 먹고 살기도 중요하지만 양심이 있어야지. 많은 사람들이 두 눈 시퍼렇게 뜨고 보고 있어! 각성해!"

이 정도는 점잖은 편이다. 입에 담지 못할 욕설과 함께 심야에 걸려오는 전화와 두서너 번 씨름을 하면 그만 녹초가 되고 만다. 심신이 피곤해지기 때문이다.

언제부터 내가 욕 들어먹는 인생이 됐는가 하는 신세 한탄과 함께 나도 모르게 끓어오르는 부아로 애꿎은 담배만 줄줄이…

흔히들 이야기하는 제도권 언론에 1980년부터 몸담게 된 나로서는 이 땅 언론사(言論史)의 굴곡진 희생자로 자위도 해보지만 그러나 어디 나 하나뿐인가? 많은 선배들이 꿈 한번 못 펼쳐보고 꺾여 회한의 길을 걷고 있고, 또 현직 동료기자들도 어쩔 수 없이 암울한 분위기에서 직장에 붙어살아야만 하는 경우도 많지 않은가? 그래서 조금 더 밝은 현실에 이를 때까지 현재의 처한 입장에서 최선을 다해보리라고 여기까지 오게 된 것이 아닌가?

『부산의 문화』 지난 호에 게재되었던 교육진단에서 TV의 양면성에 대한 글을 읽어보았다. 가르치고 그르친다는 것이다. 물론이다. 그러나 안방에 버젓이 놓여 있는 현실은 피할 수 없는 것이다.

시대의 추세에 따라 급격히 쏟아지는 전파 정보물을 보내는 과정에서 사이사이 오락물과 여가선용을 할 수 있는 프로그램도 골고루 편성돼야 한다.

문제는 선별해서 보는 눈을 길러야 한다는 것이다. 신문도 행간을 잘 봐야 한다지 않는가? 시대가 어두울수록 언론은 고도의 상징성을 발휘한다지만 나폴레옹의 엘바 섬 탈출사건과 관련한 당시 프랑스 언론들의 변신은 어쩌면 그 속성을 가장 잘 나타내준 것으로 이야기하는 사람들도 있다. 줄여 이야기하자면 엘바 섬 탈출 당시 파리 신문들은 '반도 나폴레옹, 엘바 섬 탈출하다' 였고 파리에 입성하자 '황제폐하, 만세!' 였다.

이러한 유형의 변신은 언론과 권력과의 상관관계를 대변하는 것으로서 결국 세월이 흐르면서도 비슷한 전철을 밟고 있다는 생각을 떨칠 수 없다. 그러나 가장 중요한 문제는 하나의 사건이나 현상을 매체를 통해 보도해 건전한 여론을 형성하는 언론인(나는 '언론인'에 대한 정확한 정의는 잘 모르지만 자리의 높고 낮음이 아니고 직접 여론형성에 참여하는 사람을 일컫고 싶다)의 소명의식 문제이다.

쉬운 말로 알아서 보도하는 것이다.

책임은 기사를 쓴 장본인이 져야 하면서도 기사작성의 과정이나 보도과정에서 얼마든지 간섭이나 영향력이 가해질 수 있음을 알아야 한다.

조직 속에서 하나의 구성원으로 돌아갈 때 약화될 수밖에 없는 존재를 연상하면 이 소명의식만큼 무서운 것이 없는 것이다.

국내 굴지의 민족지임을 자랑하는 몇몇 신문들도 결국 오늘이 있기까지는 기자들의 투철한 소명의식의 소산이지 경영주나 창업주들의 후광 때문은 아닌 것이다. 왜냐하면, 초창기부터 오늘날까지 살아남을 수 있었던 것은 눈에 안 보이는 여론 때문이었지 결코 창업주나 경영진 때문이 아님을 당시 친일에 앞장선 일이 있거나 권력에 부침한 몇몇 일화에서도 우리는 알 수 있는 것이다.

그러나 우리의 방송은 어떤가?

안방의 제왕으로 군림하게 된 영상매체는 특히 고도의 정보사회에서 그 빛을 발휘하면서부터 위력을 실감할 겨를도 없이 상당한 부분이 특정한 목적 아래서 의도적인 내용을 거침없이 보도하기 시작했다. 처음에는 그저 저녁시간 심심풀이 오락물에 '거참 희한한 것이 등장했구나' 싶었는데 어느 사이 일정한 크기의 사각 상자 안에 모든 이들의 시선과 생각까지도 빠져들게 됐고 이제는 안 볼 수 없는 성질로 바뀌면서 위악적인 요소도 갖게 됐다.

그래서 나 자신도 매일매일 일정한 분량의 뉴스를 자신의 목소리나 다른 사람의 입을 빌어 전달하면서도 정작 돌아오는 반응은 엄청난 것임을 실감할 때가 한두 번이 아니다. 처음에는 "야 너 TV에 나왔더구나", 아니면 "너 목소리 쇠죽 끓이면서 들었어" 정도였는데 이제는 "그것밖에 방송 못해! 이것 좀 꼭 보도해줘"로 바뀌었으니 말이다.

사실 방송보도에 참여하는 사람들은 활자매체보다 더한 감각적 자질이 있어야 한다. 그만큼 사람의 감성을 자극해야 하는 매체의 특수성 때문이다.

이와 함께 불행한 것은 정말 하고 싶은 말을 제대로 못 하는 제한이 크다는 사실도 이해해야 한다. 이른바 원고에 대한 사전검열이 철저하기 때문이다.

때문에 우리는 스스로를 비하하는 '나발' 이라는 말을 자주 쓰고 있다. 악기의 나발은 제 특유의 소리는 갖고 있으나 부는 사람의 의도에 따라 각양각색으로 달라질 수 있기 때문이다.

사람들은 왕왕 TV나 라디오에 자주 보도하는 사람들을 모두 아나운서로 알지만 상당수가 기자들이다. 이것은 초창기의 틀에서 벗어나 비전문화의 전문화로 치달으면서 그만큼 다양성과 개성 있는 방송을 지향하기 때문이다. 따라서 방송보도의 외형은 엄청난 변화와 발전을 가져왔으나 우리의 보도 내용은 보도하는 리포터의 지문이 틀리듯이 다양화되지 못하고 있는 것도 사실이다. 그것은 TV의 특성상 현장중심의 생생하고 리얼한 것을 그대로 보여주지 못하는 시공(時空)의 난점도 있지만 지침에 따른 제약 측면이 더 강한 데서 오는 것임을 이해해야 한다.

일상적으로 너무 쉽게 접하는 방송보도이기에 시청자들의 판단력은 굉장히 앞서 있어 때로는 '헛나발' 이라는 오명(汚名)도 자주 듣는다. 특히 부산은 제2의 도시로서 시민들의 지적수준과 욕구는 서울과 별반 차이가 없으나 방송은 로컬이라는 한계를 벗어나지 못하고 있는 데서 오는 불만이 엄청나다. 향토애와 함께 행정도 지방자치제로 전환을 서두르는 마당에 우리의 방송은 중앙집권적인 서울중심에서 탈피를 못 하고 있기 때문이다. 따라서 지방방송 기자 역시 촌기자라는 누명을 벗을 길이 없게 된다.

정신노동과 함께 반드시 현장에는 카메라와 함께 있어야 하는 육체노동자인 방송기자는 그래서 더욱 심한 스트레스를 안게 되고 이른바 바깥의 일은 있는 그대로 안으로 옮겨가지 못하고 안의 일은 바깥에 내보이지 않는 이중구조에 허덕이면서 사면초가 속에 살고 있다. 24시 뉴스는 0시를 넘기면서 25시의 절망 속에 일에 쫓기게 되는 것이다. 그래도 밝고 명랑한 소재를 찾아 때때로 보람을 얻고 생활 주변의 민원을 찾아 고지대에 똥차와 쓰레기차도 자주 보내야 한다는 기사를 쓰면서 자위 속에 살 때도 많지만….

이제 민주화와 자율의 물결 속에 사는 우리로서는 언론의 자유는 누가 주는 것도 또 누가 주어서도 되는 것이 아닌 우리 스스로 찾아야 할 것으로 자각하면서 너무 괴롭고 울화통이 너무 자주 터진 지난 6월 어느 날, 몇 날 며칠 분노하는 민중 속에 갇혀 지내면서 스스로 쓴 졸작시 하나를 공개하며 '나발의 변(辨)'을 마치고자 한다.

모두의 승리를 위해

슬프게도
분노하는 젊은이들과
반대쪽에 서야 하다니

어둠 속에
수천의 항의 속에 둘러싸여
살아남을 방도를 찾다니

돌이 날아들고
날카로운 유리창 깨어지는 소리가
심장을 후벼댄다

허약한 지성이
지켜야 할 양심은
한갓 가족의 얼굴로 바뀌고

민심에 편승하지 못하고
바람 부는 반대에 서서
바람 일으키는 쪽을
마음으로 박수를 보낸다

눈물을 흘리면서
흘려지는 눈물이 아닌
고통의 눈물을 흘리면서
참으로 오랜만에
수많은 질책을 받았다

창밖의 어린 후배들이나
반대쪽의 초라한 몰골이나
다 같은 합목적(合目的)인데
돌을 맞아야 하는 위치는
너무나 큰 거리구나

던져라
힘이 다할 때까지 던져라
쌓인 돌무덤이
철책도 부수고 갑옷도 벗기고
압제의 방패도 벗기고
활활 타올라
마침내 그날의 얼굴을 볼 때까지

죄짓지 않는 자가 아닌
죄지은 자가 돌을 맞아야
이룰 수 있는
모두의 승리를 위해

(『부산문화』 1987년 10월호)

아! TBC 부산국 문 닫던 날

1980년 11월 30일 밤 9시, 부산시내 전역과 경남 산간벽지, 전남 낙도, 그리고 경북 대구와 포항에 이르는 영남의 안방에서는 무수한 시선이 TV에 집중되는 가운데 참으로 어처구니없는 이별의 장면이 방송되고 있었다. 그것은 1964년 12월 12일 항도 부산에서 개국한 한 TV방송이 16년 동안 안방 시청자들의 사랑을 독차지하다가 완전한

타의에 의해 문을 닫는 순간을 목격하는 순간이기도 했다.

채널 7번, 호출 부호 HLKC, TBC(Tong-Yang Broadcasting Cooperation). 지금도 그 이름이 생생한 TBC가 이 지구상에서 마지막 방송을 하는 순간에 시청자들은 이 같은 야만적인 처사로 한 시대의 문화적인 총아로 각광을 받아오던 방송국이 사라지는 모습을 침울한 분위기에서 지켜보고 있었다.

밤 9시부터 45분 동안 특집 형식으로 사전에 검열을 받아 제작된 이 'TBC 고별 석간 뉴스'는 부산국 기자 17명 모두와 아나운서, 촬영부, 기술부, 제작지원부원들의 마지막 합작품이었다. 그러나 제대로 항변 한번 해보지 못한 채 은유방식으로 울분을 감추고 시종 울먹거리는 아나운서 목소리를 녹화해 내보낼 수밖에 없었다.

8년이 지난 지금, 당시 언론통폐합에 깊숙이 개입했던 한 사람의 증언대로 마치 '호박에 대침 박기' 식으로 손쉬웠다는 말처럼 이뤄진 이 언론통폐합은 부산국의 고별 석간이 방송되자마자 부산시민들은 물론이고 경남북 일원에서 빗발치는 시청자들의 울분의 전화가 쇄도해왔다.

"왜 그대로 가만히 있느냐? 마지막 방송에서라도 군인들의 횡포를 꾸짖는 뉴스를 내지 않느냐?", "참으로 답답하다. 너무 많이 울어 목이 멘다", "다시는 TBC를 볼 수 없다니 안타깝다" 등등 수많은 격려와 언론통폐합 조치를 항의하는 전화들이었다.

그러나 당시의 펜은 칼보다 약했다. 서슬이 시퍼런 당시의 상황에서 더구나 통폐합 이후 KBS로 팔려가는 처지에서는 비분강개와 울분을 술로써 달랠 수밖에 없었다.

TBC 고별 석간이 방송되는 바로 그 시간, 창밖은 매서운 겨울바람이 더욱 행인들의 발걸음을 재촉하고 있었다. 이런 살벌한 분위기에서 TBC 부산국 사원들은 TBC를 곡(哭)하는 이른바 통폐합주(당시 언론인들 사이에 유행하던 폭탄주)로 음복을 하고 있었다.

보도부 직원들을 중심으로 지원부서 사람 등 20여 명이 모인 회사 안의 술좌석에는, 뒤에 확인한 일이지만 소주 2홉들이 40여 병과 맥주 40여 병이 소비됐고 자리가 파한 뒤 그 다음날은 4명의 직원들이 동사(凍死) 직전까지 가는 고비를 넘기기도 했다.

이 자리에는 통폐합 몇 달 전 대학으로 자리를 옮긴 강남주(현 수산대 교수) 선배도 달려와 마지막까지 함께 못 함을 술로써 달래기도 했다.

고별 TBC 석간

"잠시 후 오늘 이 시간으로 종영을 고하는 TBC 고별 석간은 45분간에 걸쳐 보내드리고 TBC 뉴스와 더불어 생활해오신 시청자 여러분과 작별하겠습니다."

지구를 조감하며 우렁차게 터져 나오는 TBC 석간의 오프닝 시그널이 끝난 뒤 CM에 앞서 조계식 아나운서의 침울한 목소리로 시작된 TBC 고별 석간의 멘트였다.

"이제 먼 여행길에서 돌아와 잠을 자야 할 시간입니다. 이 밤이 새고 나면 저희 TBC 전파는 여러분의 안방으로 찾아뵙지 못하게 되겠습니다. 내달 12일이면 개국 16주년이 되는 날입니다마는 열여섯 돌을 맞이하지 못하고 오늘로서 막을 내리게 됐습니다. 한국 신문 · 방송협회의 자율적 결의에 의해 문을 닫게 된 TBC는 우리나라 TV 역사에선 참으로 소중한 생애였습니다.”

이어 더블 MC로 나온 전옥수 아나운서의 멘트는 여성 특유의 감수성 때문에 자주 울어 녹화 당시 여러 번 NG를 내었다.

그러나 고별사 형식으로 시작된 이 TBC 석간 뉴스는 녹화 전 여러 젊은 기자들이 마지막 뉴스인 만큼 신문 · 방송협회의 자율적 결의라는 미명 아래 취해진 군인들의 폭거를 고발하자는 주장과 한 TV방송국을 허가해주면서 ‘마이크로웨이브’ 조차 설치하지 못하도록 하는 문공부의 횡포 등을 시청자들에게 알리자는 여러 의견들이 묵살된 채 그냥 시청자들의 생각에 맡기는 형식으로 제작됐다.

서울에서 이날 방영된 TBC 고별 방송도 가수 이은하 양이 ‘아직도 그대는 내 사랑’ 을 부르다 끝내 울음을 터뜨린 죄로 계엄 당국이 ‘고별 방송 지침’ 을 지키지 않은 항목을 들어 3개월 방송 출연 정지를 시킨 당시이고 보면 부산의 고별 뉴스도 “1980년 11월 30일 가을도 오늘로 끝나고 내일부터는 겨울이 시작되는 12월입니다” 식의 계엄 상황을 은유로 알릴 수밖에 없었다. 더구나 고별 뉴스가 나갈 당시, 현재 부산시 중구 중앙동 4가 19번지 동방생명 건물 1층에는 2개 중대의 경찰 병력이 만약의 사태에 대비해 경비 대기 중이었다.

당시 TBC 고별 석간이 밝힌 TBC 부산국의 내용을 요약하면 다음과 같다.

TBC 뉴스는 지방 TV방송국으로는 처음으로 1964년 12월 12일 TBC

부산국이 개국됨과 함께 지역사회 개발과 지방언론 창달이라는 사명감을 안고 출발했다.

국내 전파매체로는 라디오밖에 없었던 부산지방에, 범람하던 일본전파의 방파제로 첫 전파를 발사한 TBC 부산국은 당시 TV수상기 500여 대뿐이었던 부산시민들에게 TV 전파매체의 역할을 훌륭하게 보여준 셈이었다. 개국 당시 부산국은 옛 국제신문사 구사옥을 빌어 DTV 석간과 DTV 뉴스 등 25분의 정규뉴스와 DTV가이드, DTV 기자실 등 주간 보도기획 프로그램을 통해 급변하는 국내외 정세와 지역사회 개발, 생활에 도움을 주는 정보, 날카로운 비평으로 시민 의식 고취에 노력해왔다.

1965년 8월 15일 방송국 이름이 중앙텔레비전 부산방송국으로 바뀌면서 DTV 뉴스는 JBS 뉴스로 타이틀이 바뀌었고 이 당시 4명의 취재기자와 2명의 카메라 기자가 보도 업무를 맡아왔다. 1966년 8월 15일 다시 방송국의 이름이 동양방송으로 바뀌면서 TBC 뉴스로 고정됐고 1968년 3·1절 기념식 실황을 부산에선 처음으로 TV 현장중계 방송을 실시해 TV 현장중계 시대의 막을 열었다.

1970년 MBC 부산 TV의 개국으로 5년 2개월 동안의 TBC 독점시대가 막을 내리고 1972년 KBS 부산국 개국으로 부산에도 본격적으로 TV 3국 정립 시대로 들어갔다.

치열한 TV 3국이 보도 경쟁에 들어가면서 TBC 부산국보다 뒤늦게 개국한 두 개의 방송사는 최신 '마이크로웨이브'를 사용해서 뉴스비중의 90퍼센트 이상을 차지하는 서울 본사의 뉴스를 동시에 방영하고 있었다. 그에 반해 5년에서 7년 이상 민저 개국한 TBC는 통폐합될 때까지도 동시 방영에 없어서는 안 될 '마이크로웨이브' 승인이 나지 않아 운전사 5명이 석간에 방영되는 9시 뉴스를 30분 앞두고 서울에서 항공편으로 보내주는 필름을 싣고 목숨을 건 질주를 하기도 했다.

그러나 1초에 지구를 7바퀴 반 돈다는 전파의 속도를 당할 길 없어 시원한 중앙 뉴스 화면을 부산국 시청자들에게 보여주지 못했다. 가장 단적인 예가 권투 중계방송인데 홍수환, 김상현, 김성준이 세계 챔피언을 땄을 때였다.

그러나 TBC 부산국은 중앙 뉴스 화면의 불성실성을 보완하기 위해 로컬 뉴스에 치중해 기자들의 리포트제를 도입, 생생한 현장 뉴스를 전달했다. 1976년 4월부터는 평면적인 일기 해설을 기상대 예보관이 직접 출연해서 일기 해설과 생활 지혜를 토막 상식과 함께 넣어 생활 일기로 보여주기도 했다.

10배가 넘는 인력과 월등히 유리한 취재 조건 속에서 제작되는 타 사 뉴스와의 경쟁에서 TBC 석간이 그래도 높은 시청률을 유지할 수 있었던 것은 당시 방송 구호인 "정성을 다하는 TBC 뉴스" 제작 때문 이었다.

이상은 TBC 고별 석간에 소개된 내용을 필자가 압축한 것이다.

여기에서 우리가 주목할 것은 지금은 TV방송사로서는 상상조차 할 수 없는 '마이크로웨이브' 시설도 안 된 지방 방송사가 어째서 다른 방송보다 월등히 높은 시청률을 유지했는가? 하는 점이다. 필 자는 이 물음에 대한 답으로 기자협회 KBS 부산 분회지인 『글샘』 창간호에 게재한 안수근(부산경상전문대) 교수의 논문을 인용하고 자 한다.

"언론통폐합이 되기 이전의 로컬방송의 TV 편성량은 부산의 경우 1978년 당시 3개 채널 평균 12퍼센트였으나 지금의 KBS 2TV가 된 TBC는 16.1퍼센트였다."

결국 정부의 민간 방송 규제책으로 시행된 '마이크로웨이브' 시설 제한 허용 조치가 TBC 부산국의 시청률을 끌어올린 셈이 됐다.

TBC 고별 석간이 제작되면서 시민들의 반응을 인터뷰한 것에 대해 소개해보고자 한다. 고별 석간에는 모두 5명의 시민 반응을 편집해 내보냈다. 이 시민 반응 인터뷰 때는 취재 기자들이 현장에서 인터뷰에 응하는 사람들에게 미리 당부의 이야기를 했던 것으로 기억된다. 그것은 TBC를 없애는 것에 대해 너무 지나치게 비난을 하지 말아달라는 것이었다. 그래서 대부분의 인터뷰 시민들은 "…건전 언론 육성이라는 대명제 아래…", "…설마 했던 그 통합설이 눈앞에 온 것 같다. 영원히 TBC가 사라진다고 생각할 때 허전하고 섭섭한 마음 비길 데가 없다", "…언론의 생명이라 할 수 있는 비판의 기능과 공정 보도로 국민을 계도하는 언론이 나오기를…" 등 간접적인 시사에 그쳤다.

당시 TBC 고별 석간을 제작할 수밖에 없었던 보도부 기자들의 가장 큰 고민은 석간의 대미(大尾)를 어떻게 장식하는가였다. 그것은 영원히 TBC 석간이라는 이름으로는 뉴스를 낼 수 없다는 절박한 상황에서 어떻게 하면 시청자들에게 가장 오래 TBC를 기억하게 하느냐는 문제였기 때문이다. 그래서 고민 끝에 뉴스의 마지막은 우리의 처지와 통폐합의 폭거를 적나라하게 감성에 호소하는 시(詩)로 전달하자는 것이었다.

시구의 선정은 필자가 맡았다. 불과 보름 앞으로 다가온 석간 제작을 앞두고 여러 날 고민해서 고른 것이 박용철 시인의 「떠나가는 배」였다. 낙동강 하구의 삭막한 겨울 풍경에 갈대만 무성한 채 남아 있고 빈 배만 한가로이 떠 있는 화면을 흘리면서 장운진 아나운서(현재 연극인)의 처절하면서도 울먹이는 그러나 절묘하게 감정이 밴 '내레이션' 은 부산시민은 물론이고 TBC 부산국의 가시청 지역의 모든 시청자들을 울리기에 충분했다고 생각된다. 낭독하는 아나운서가 하도 울어 NG를 자주 내는 바람에 녹화 담당 PD가 제작에 많은 애를 먹었다. 참고로 인용해본다.

"나두야 간다/나의 이 젊은 나이를 눈물로야 보낼 거냐/나두야 가련다//아늑한 이 항군들 손쉽게야 버릴 거냐/안개같이 물 어린 눈에도 비치나니/골짜기마다 발에 익은 묏부리 모양 /주름살도 눈에 익은 아 사랑하는 사랑들//버리고 가는 이도 못 잊는 마음/쫓겨 가는 마음인들 무어 다를 거냐/돌아다보는 구름에는 바람이 희살 짓는다/앞대일 언덕인들 마련이나 있을 거냐//나두야 가련다/나의 이 젊은 나이를/눈물로야 보낼 거냐/나두야 간다"

TBC가 KBS에 흡수된다는 소식이 알려지기는 1980년 11월 13일 아침이었다. 120여 명의 부산국 직원들이 평생을 내 직장으로 여기며 온갖 박해 속에서도 항도 부산의 대표적 방송매체라는 자긍심과 함께 노력해온 직장이 하루아침에 정부의 게시판 역할이나 해왔던 KBS에 흡수 통합된다는 소식은 청천벽력과 같은 것이었다.

당시 TBC는 삼성그룹이 운영하는 〈중앙일보〉와 같은 언론 계열사로 유독 부산만은 신문과 함께 운영되고 있었다. 따라서 기자들은 신문기사와 방송기사를 같이 써야 하는 이중고에 시달렸다. 이와 같은 방송·신문 동일운영 체제는 지난해 별세한 이병철 회장이 일본의 시스템을 부산에 적용한 것으로 알려졌는데 통폐합 조치에 따라 다른 지역의 〈중앙일보〉 지방 주재기자들은 대부분 삼성 계열사로 들어가고 부산은 〈중앙일보〉로 들어온 기자들도 방송기자로 소속돼 KBS로 옮겨오게 되었다.

알려진 바로는 삼성의 이 회장이 생전에 해결 못 한 유일한 것이 TBC를 찾지 못한 것이라고 유언으로 남겼다고 한다. 그만큼 당시 TBC는 삼성그룹 계열사 가운데 '황금알을 낳는 거위'였던 셈이다. 군인들의 강요에 의해 신문과 방송 두 가지 중 하나를 내놓으라는 말에 신문은 기업의 방패막이로 좋고 방송은 돈벌이 수단으로 그저 그만이고, 그래서 갈등이 컸다는 후일담이다. 그러나 경영을 떠나서 한번 생각해보자.

도대체 어느 나라에서 16년간이나 한 지역에서 선도적인 역할을 해온 방송국을 하루아침에 없애버리는 행패를 부릴 수 있는가! 그래서 역사적인 큰 소용돌이가 일 때마다 선구적인 역할을 해온 부산과 경남 지역 주민들에게는 〈국제신문〉 폐간과 TBC 부산국의 통폐합 조치가 제5공화국의 가장 큰 악행으로 손꼽힌다. 그만큼 5공화국은 언론인들에게 큰 상처와 피를 흘리게 한 독재정권이었다.

당시 통폐합되면서 언제라도 그만두어도 좋다는 백지 사표서를 교부받고 KBS에 넘어간 120여 명의 TBC 부산국 사원들 가운데는 절반이 그만두거나 다른 지역 KBS에 가서 객고(客苦)에 시달리고 있

다. 또한 그만두거나 KBS에 머물고 있는 직원들도 해마다 11월 30일
만 되면 가슴에 회한이 싹튼다. 이미 8년이라는 세월이 지났지만 아
물지 않는 상처는, 칼에 의해 펜이 꺾인 폭거에 대한 울분에서 나온
마음의 상처이기 때문이다. 따라서 무지막지한 힘에 의해 팔려간 여
자의 마음처럼 친정집인 TBC가 하루 빨리 부활되어 이 땅에 보다 다
양한 전파매체를 꽃피우길 TBC 가족들은 오늘도 바라고 있다.

(『동녘』 1988년 12월호)

방송 민주화의 그날이 올 때까지

글머리에

나는 불과 석 달도 안 된 사건들에 대한 글을 무척 아득한 기분으로 쓴다. 그것은 사람들의 기억에 대한 회의에 앞서 삶에 대한 동물적인 본능이 얼마나 강한가 하는 의구심이 아직도 내 머리를 떠나지 않기 때문이다.

매일 엘리베이터 속에서나 복도, 사무실에서 만나는 동료 직원들을 대할 때마다 그들의 얼굴에서 읽을 수 있는 겸연쩍어하는 표정이나 뭔가 숨기는 듯한 인상에서 보듯 한순간의 열정이나 의지, 행동 등이 시간의 긴 여행에서 보면 얼마나 하잘 것 없는 것인가를 알 수 있기 때문이다. 그러나 나는 비록 어떤 사건의 주체 속에 내가 서 있었다고 하더라도 그러한 사실을 없었던 것으로 여기거나 지우려 애쓸 만큼 현실적이 아니기를 스스로에게 바란다.

이러한 희망은 강한 인상을 심어준 만큼 다른 사람들에 대해서는 막연하나마 기억의 실마리가 오래 간다는 것을 알면서도 스스로의 의지든 집단적인 행동이든 관계없이 순수한 뜻은 오랫동안 간직해야 한다는 내 개인의 생각에는 변함이 없다. 따라서 나의 이러한 속성은 어떤 사건의 조우와 연결될 때 나는 기력이 쇠잔해져 더 이상 참여보다는 관조의 입장에 서 있을 수밖에 없게 되기 전까지는 계속될 것이다.

KBS에 가해진 폭력

'펜은 칼보다 강하다'는 말이 있다. 요약하면 문(文)으로 상징되는 펜이 무(武)로 대표되는 칼보다 강하다는 뜻에서 나온 말이다. 이 말을 다시 음미하면 과거 무단정치로 일관된 전제군주 치하에서 벗어나기 위한 서구 시민들의 저항정신을 북돋우는 여론의 힘을 과시한 표현방법도 된다.

그러나 오늘날 우리의 경우를 한번 생각해보자. 과연 우리에게 이 말은 그대로 적용되는가? 펜은 과연 칼보다 강한가?

이른바 'KBS 사태'로 표현된 KBS에 대한 폭력은 지난 4월 12일 서기원 사장 출근을 저지하는 노조원 117명을 강제 연행하면서부터 시작됐다. 우리나라 방송사상 처음 있는 경찰의 공권력 개입이다.

노조원들이 4월 초순부터 벌인 서기원 사장 취임 거부 운동은 처음에는 큰 설득력을 얻지 못했으나 서영훈 사장 퇴진과 노조의 반대에도 불구하고 이사회에서의 일방적인 제청, 임명, 출근저지에 대한 경찰력 동원 등 일련의 움직임은 KBS 사원들을 자극하기에 충분했다.

서기원 씨 사장임명은 단순한 대통령의 인사권이라기보다는 일부의 우려처럼 6공 정권 차원의 언론장악 시나리오가 시작됐다는 사실을 간파할 수 있게 했다. 이에 따라 KBS 사원들은 12일 당일 즉각 제작거부 결의를 했고 밤 9시 뉴스부터 중단했으며 13일에는 부산방송본부 직원들을 비롯해 서울과 23개 전 지방국 사원 4천여 명이 여의도 KBS 본사 민주광장에 모여 전국사원 비상총회를 열기에 이르렀다.

도대체 역대 정권의 게시판으로 가장 고분고분하던 KBS 사원들이 왜 전국 규모의 집회를 그것도 방송 제작거부까지 결의한 채, 열 수밖에 없었는가? 그것은 3공화국 시절부터 친정부 인사로 기용돼 언론탄압의 앞잡이 역할을 해온 서기원 씨는 결코 KBS 사장이 될 수 없다는 사원들의 뜻에도 불구하고 기어이 경찰이라는 공권력을 앞세워 취임하면서 대화나 설득보다는 강제연행이라는 폭력 수단을 이용한 데 대해 오랫동안 참았던 분노가 한꺼번에 폭발한 것이다. 이렇게 시작된 KBS 사원들의 방송 민주화 투쟁은 4월 20일 비상대책위원회가 발간한 홍보물에서 그 성격을 잘 알 수 있다.

"작금의 KBS 사태는 노사분규가 아닙니다. 권력의 굴레에서 벗어나 KBS의 주인인 국민에게 그 눈과 입을 되돌려주려는 7천 방송인의 몸부림이며, 나아가 이 땅의 언론 민주화를 지켜내려는 전 언론인들의 기본 책무의 구현입니다. 위기에 처한 KBS를 함께 지켜냅시다."

국민의 방송으로 거듭 태어나기 위해 몸부림치는 KBS 사원들의 의지를 경찰의 물리적인 힘만으로 꺾고 방송을 지배할 수 있다는 발상은 급기야는 가장 순진한 KBS 사원들로 하여금 방송 민주화운동의 선봉대가 되도록 하고 만 것이다. 이에 따라 일부 극우적인 시민이나 기득권자들의 항의도 있었지만 KBS 사원들은 제작거부 투쟁을 4월 30일까지 계속했고 4월 30일에는 또다시 2차로 공권력이 투입돼 333명의 농성사원들이 강제연행됐다. 이로써 방송사상 씻을 수 없는 오명을 6공화국 정권은 남기게 된다.

배의 선장에 비교한 KBS 사장을 민주적인 인사로 임명해달라는 사원들의 너무나 소극적인 요구마저도 묵살한 채 계속 탄압으로 일관한 정부는 '선 정상화 후 퇴진' 안을 KBS 사원총회가 부결시키자 이에 대한 보복으로 공권력을 다시 투입시켰던 것이다.

방송 민주화 투쟁 초창기에 필자는 부산 KBS 비상대책 위원장직을 수행하면서 실제로 언론탄압에 분노한 무수한 시민들의 전화를 받은 적이 있었는데 지금 가장 생생하게 기억에 남아 있는 내용은 60대 남자의 말이다. 이분의 말씀은 전파매체의 속성상 안방언론 역할을 하는 방송국에 공권력이 마구 들어와 방송인들을 대거 연행해가는 폭거에 대해 "안방에 군홧발을 들여놓은 꼴"이라고 분개했다.

실감나는 말이다.

오늘날 안방에 TV수상기 없는 가정이 거의 없고 보면 수천만 명의 시청자들이 지켜보는 방송국에 공권력을 투입하는 만행은 그야말로 수천만 시민들이 편안히 쉴 수 있는 안방에 공권력이 들어간 것과 무엇이 다르겠는가?

4월 30일 2차 공권력이 투입되면서 5월 1일 아침 서울 KBS 민주광장에서 망연자실해 서성거렸던 필자는 끓어오르는 분노에 앞서 무장한 경찰을 바라보며 이 나라 민주주의의 한계 상황을 체념적으로 절감했다. 그것은 앞서 서술했던 과연 '펜이 칼보다 이 나라에서는 강할 수 있는가?' 하는 원초적인 회의가 일었기 때문이다.

도대체 21세기를 눈앞에 두고 있고, 더구나 3년 전 6·29선언을 통해 민주화를 앞당기겠다는 약속을 모든 국민들이 생생히 기억하는 마당에 쿠데타를 제외하고 방송국이 공권력에 장악된 적이 일찍이 없었던 세계 언론사에 어떻게 해서 공권력이 이토록 오랜 시간 방송국을 장악할 수 있다는 말인가?

지난 5월 10일 밤, 서울 여의도 평민당사에서는 KBS 실국, 지역 방송국 대표들이 철야로 마라톤 회의를 개최해 마침내 5월 18일을 기해 '주체적으로 방송제작에 복귀하면서 서기원 퇴진을 촉구한다' 는 결정을 했다. 다음날인 5월 11일은 이 같은 결정에 따라 사원총회를 열어 결정사항을 통보하기로 했다.

천여 명의 사원들이 오후 2시를 전후해 민주광장 앞에 집결했다. 그러나 경찰은 불법집회라며 무력해산을 감행했고 이 과정에서 여 사원들을 비롯한 몇몇 사원들이 전경들의 방패에 얼굴 등이 찢겨 피를 흘렸고 주변에 이 광경을 보던 사원들이 흥분하기 시작했으나 "질서, 질서!"라는 구호와 함께 평정을 되찾아 다른 장소에서 총회를 열었다. 아무리 목적이 순수한 투쟁이라도 수단이 경찰처럼 폭력화해서는 안 된다는 이성이 앞섰기 때문이다.

그 후 5월 18일부터 방송제작이 정상화돼 오늘에 이르렀으나 서기원은 여전히 물러나지 않고, 경찰의 공권력은 여전히 KBS를 점령하고 있으며, 구속된 노조간부들은 여전히 풀려나지 않고 있다.

KBS 사태를 통한 방송장악 음모

"펜을 총검으로 부수는 것은 독재자가 하는 폭거다." 이는 미국 대통령을 지냈던 제퍼슨의 말이다.

KBS 사태는 처음에는 서기원 씨의 사장 취임 반대운동에서 비롯됐다. 그러나 시간이 지나면서 서기원 씨의 사장 임명을 신호탄으로 정부가 언론을 장악하려는 일련의 움직임이 백일하에 드러나고 있다. 그것은 KBS 사태 일지에서도 보여주듯 1월 22일 3당 야합으로 민자당이 출범한 이래 1월 23일 KBS PD 6명 연행 구속, 2월 6일 감사원 특별감사, 2월 8일 법정 수당 사건을 여론재판에 회부해 서영훈 사장 내사, 3월 6일 서기원 후임 사장 사전 내정, 3월 8일 서영훈 사장 사표 수리 등으로 이어져 이미 민주적 인사인 서영훈 씨를 몰아내고 후임에 권력 지향적인 인물인 서기원 씨를 내정하고 있었기 때문이다.

그러면 정부는 왜 사원들의 방송제작 거부에도 불구하고 서기원 씨를 KBS 사장으로 임명할 수밖에 없었던가에 대해 생각해보자.

5공 이래 KBS 사장은 이원홍(청와대 대변인, 문공부장관), 박현태(문공부차관), 정구호(청와대 대변인), 서영훈(홍사단 이사장), 서기원(청와대 대변인) 씨 등의 전직에서 보듯 친정부적인 인사를 통해 KBS를 장악해야만 방송을 장악할 수 있다는 발상에서 나온 것임을 파악할 수 있다.

1980년 언론통폐합 이후 역할이 엄청나게 커진 KBS는 1987년 이후부터 민주화된 국민의 방송으로 국민들에게 되돌려져야 한다는 사원들의 자각이 일자 당황한 정부는 정권유지 차원에서 KBS를 사유물화해야 된다는 위기의식이 싹텄고 3당 야합 이후 비대해진 여당은 마침내 방송구도 개편안을 이번 150회 임시국회에 제출해 날치기로 통과시켰다.

최병렬 공보처장관이 연초에 "언론은 장악돼서도 장악할 수도 없다"고 한 말을 스스로 내팽개치고 방송장악의 고삐를 늦추지 않고 있는 사실에서도 보듯 3당 통합을 이뤄내고 보수 대연합이라는 미명 아래 장기집권을 꾀하고 있는 6공 정권은 언론을 장악해 여론의 조작이 가능해야 장기 집권할 수 있다는 판단 아래 KBS를 그 첫 번째 희생물로 삼은 것이다.

KBS 사태 초기에 한 방송인은 정부가 서기원 씨를 KBS 사장에 강제로 임명하면서 경찰력을 동원한 것은 마치 '타오르는 불에 기름을 끼얹은 격'이 됐다고 말했다. 적절한 표현이었다.

그러나 정부가 경찰력을 앞세우면서까지 서기원 씨를 KBS 사장에 임명한 것은 단순히 최고 인사권자의 정당한 인사를 유지하기 위해서라기보다는 KBS 사장 임명을 통한 KBS 구도개편에 이어 민간방송 인가→전체 방송의 장악→방송의 여론조작 도구화→정권연장 순으로 진행되고 있는 현 시점에서 하나의 거대한 음모였음을 드러내고 있다. 이에 따라 지난 4월부터 5개 방송국으로 확산됐고 언노련, 재야단체 등도 연대해 거대한 민주화운동으로 확산되면서 현 정권의 존립마저 위태롭게 하는 계기가 됐다.

KBS 방송 민주화운동 과정에서의 문제점

제퍼슨은 "신문 없는 정부보다 정부 없는 신문을 택하겠다"고 말했다. 신문으로 대표되는 언론은 바로 여론 수렴장치이며, 민주주의 국가에서 여론정치가 가장 중요한 것임은 물을 것도 없다. 국민의 여론을 대변하는 언론이 제 역할을 다하지 못할 때 민주적인 정치는 기대하기 어려운 것은 말할 것도 없다.

순간적으로 엄청난 폭발력과 함께 시작된 KBS 사태는 제작거부가 장기화되면서 조직의 지도력에 문제가 생기기 시작했다. 그것은 언론노동조합은 속성상 직접적인 언론 관계자들로 주축이 될 때만 가능하나 KBS 2대 노조 집행부는 기술직이 위원장으로 뽑힌 데 따라 보도나 편성직 조합원들의 참여의식이 부족했고 위기상황에 대처하는 능력에 한계점을 드러냈기 때문이다.

그 한 예로 4월 30일 사원총회에서 '선(先) 방송 정상화' 안이 부결됐음에도 불구하고 집행부는 계속적인 투쟁보다 정부와 대화를 시도했고, 최병렬 공보처장관과 김용갑 전 총무처장관의 연막전술에 휘말려 방송 정상화 계획이 신문에 일방적으로 보도되는 등 조직에 치명적인 상처를 입히는 오류를 범했다. 또 집행부 내부에도 사태의 본질을 파악하지 못한 일부 온건론자들이 투쟁의 강도를 지속시키는 데 찬물을 끼얹는 역할을 했기 때문에 서기원 퇴진에 실패하고 말았다. 그러나 무엇보다 중요한 부분은 KBS 간부들의 해바라기 속성이다. 이들은 사태 초반에는 사원들의 주장에 동조하는 듯하다가 중반이 지나면서 방송제작에 적극 앞장섰고 나중에는 노조 와해공작에 깊숙이 관여해 조합원들의 반발을 샀다.

이 밖에 재야단체들의 동조 지원이 너무 늦게 이뤄졌다는 점이다. 재야에서는 처음에는 KBS 사태를 단순히 내부문제로 보고 좌시하고 있다가 뒤늦게 연대하기 시작했다. 이 부분에 대해서는 KBS가 그동안 국민의 뜻과는 관계없이 독재정권의 홍보매체로 악역을 맡아왔다는 점에서 이번 민주화운동 이후 꾸준한 체질개선과 방송의 질적 향상이 이뤄진 뒤에 구체적으로 거론돼야 할 성질인 것 같다.

끝으로 KBS 사태를 정확히 알려줘야 할 언론매체들의 자세에도 문제가 있었다. 필자는 언론의 속성을 이야기할 때마다 독재자 나폴레옹과 프랑스 한 신문의 보도태도를 예로 들어왔다. 다시 거론하자면 나폴레옹이 엘바 섬을 탈출했을 때 한 신문은 '반도'라고 썼다가 파리에 입성했을 때는 '황제'로 바꾼 것이다. 이처럼 KBS 사태를 보도하는 언론들의 태도도 각양각색이었다.

따라서 언론은 어떤 사건에서든지 단순한 사실보도를 뛰어넘어 사건의 본질에 접근해 진실을 국민들에게 알려야 한다. 또 어떤 정부든 간에 언론을 장악할 수도, 장악해서도 안 되도록 국민의 힘으로

막아낼 수 있는 신뢰를 심어줘야 한다. KBS 사원들은 그동안 오랜
투쟁 기간 동안 축적된 투쟁역량으로 기어이 KBS를 국민의 방송으
로 되돌려주는 그날까지 계속 싸워나갈 것이다.

(『글샘』 1990년 겨울 특집호)

지역방송의 중앙방송 종속과 구조적 모순

- 방송구조 개편과 지역방송 발전 위한 대토론회

1993년 9월 27일 부산 KBS에서는 방송구조 개편과 지역방송 발전을 위한 대토론회가 열렸다. 200여 명이 참석한 가운데 열린 이 대토론회는 지역방송의 중앙방송 종속과 구조적 모순, 방송환경 변화에 따른 지역방송의 방향, 방송구조 개편과 지역 KBS의 활로 모색 등

세 가지 주제로 열렸다. 이날 대토론회 내용 중 필자가 언노련 사무 처장으로서 발표한 첫 번째 주제 '지역방송의 중앙방송 종속과 구조 적 모순' 내용을 요약해 싣는다.

KBS 지역국들의 고민: 인력 · 장비 부족

MBC보다 TV채널 1개, 라디오채널 4개가 더 많은 KBS의 인원은 본사의 경우엔 MBC보다 1천559명이 많지만 지역국 종사자는 MBC 보다 871명이나 적다.

인력수급체계에 있어서도 MBC는 서울과 계열사들이 정기 공개채 용에 의한 신규 인력 유입으로 조직의 활성화와 신진대사가 활발한 반면 KBS는 중앙독점 공급방식에 서울 위주의 일방적인 인력 채용 으로 조직 간에 극심한 인력수급의 불균형을 초래하고 있다. 이는 지 역국에 심대한 영향을 끼쳐 인력부족뿐 아니라 조직내부에서도 서 열 간 차이가 심해 조직원들의 노령화와 현업수행에 큰 어려움을 초 래한다.

도래할 뉴미디어 시대 각 지역방송은 상업 민영방송의 출현과 CA-TV방송 등으로 엄청난 도전에 직면하게 됐고 인력유출 또한 만만치 않을 것으로 보인다. 이러한 상황에도 불구하고 25개 KBS 지역국들 의 장비는 송출시설부터 ENG 카메라, 차량, 기타 장비에 이르기까 지 대부분 서울에서 쓰던 고물장비들로 지역국은 '골동품창고' 라는 서글픈 별명을 듣고 있다.

최근 아시아나 항공기 추락사고 보도의 낙종에서 여실히 그 폐해가 드러났던 장비 노후의 예는 촬영장비의 경우만 보더라도 KBS 지역국의 촬영기는 녹화기와 분리된 구형이고 그나마 얼마 전 본사에서 지역국에 배정한 카메라도 값싼 '이께가미(IKEGAMI)' 여서 지역국 카메라 기자들의 거센 반발을 산 바 있다.

장비 부족과 노후화는 경쟁사와의 취재경쟁에서도 막강한 영향력을 끼쳐 사기저하와 의욕감소 등 능력을 떨어뜨리는 주요 원인으로 작용하고 있다.

KBS 지역국들의 고민: 인사적체

KBS 인사는 '백년하청' 이란 표현으로 자주 표현되지만 특히 지역국의 경우 서울 위주의 불평등한 인사와 서자 취급으로 내부불만이 팽배해 있다. 이 중에서도 근무연수와 능력에 따른 정당한 승진이나 승급이 이뤄지지 않을 뿐 아니라 2직급 승급시험 때에도 서울과 지역 간에 균형적인 승진이 되지 않아 지역국 종사자들의 경우 15년이 넘도록 책임보직을 받지 못하고 있는 사람이 비일비재하고 보직을 받은 경우도 한자리에서 10년 이상 신분상 변화 없이 근무하는 사람들이 수두룩하다. 이런 인사적체는 인력수급 불균형과 함께 조직 관리에도 중대한 문제를 노출시켜 연공서열에 따른 정당한 승진기회가 박탈되는 분위기에서 '노나 공부하나 마찬가지' 라는 풍조가 만연해 있는 실정이다.

인사의 구조적 모순은 KBS의 정체성과도 무관하지 않은 것으로 권력 지향형의 인물들이 낙하산식으로 내려와 군림하는 사장의 임명부터 시작된다. 사실 KBS는 수신료 징수에 의한 공영방송이 되어야 하지만 실제는 정부가 100% 출자한 정부방송이며 주인 없는 회사로서 독단이 이뤄질 수밖에 없다. 그 결과 2직급 관리직 시험도 인사고과 평점이 전체의 50%를 차지하는 등 인사권자들이 자신의 사조직으로 만드는 병폐를 낳고 또한 불필요한 관리직급들만 양산해 인력관리의 효율성을 가져오지 못한다.

이 밖에도 총국장이나 국장급 등 대부분 지역국 간부들은 자체승진보다 서울에서 낙하산으로 내려온 '서울 하늘만 쳐다보는 해바라기 성향'의 인물들로 간부들과 직원들 간 불화가 싹트고 있다.

인사적체는 조직운영에서도 심각한 문제를 드러내 KBS 부산 보도국 경우 5년에서 11년차 기자가 말단직원으로 계속 남아 사흘에 한 번씩 회사에서 자면서 뉴스를 진행하고 있으며 서울에서 갓 뽑아 1년씩 머물다 가는 무연고 공채 기자들은 근무연한만 채우면 곧바로 서울로 올라가 실질적인 지역국 업무에 도움을 주지 못하고 단지 지역국은 '트레이닝 코스'로 전락해가고 있다.

KBS 본사의 독단

단체장 미선거로 절름발이가 된 지방자치제처럼 방송의 절대 3권인 예산, 인사, 편성권 모두 서울에 얽매여 있는 지역국들도 여전히 서울에 종속되어 있다.

첫째, 예산운용을 살펴보면 1992년 30억 원의 단기순이익을 냈음에도 불구하고 지역방송 활성화를 위한 예산편성엔 인색해 방송제작비의 비현실화, 각종 수당의 서울과의 차등 지급, 부족한 인력에 따른 잦은 당직 근무의 불충분한 보상 등이 나타난다. 또한 수신료의 통합 과징업무는 지역국에 위임돼 있으나 방송제작비는 지역총국장 집행 권한 밖에 있고 지역총국장은 지역국에 할당된 부족한 예산에 대한 극히 적은 재량권만 허용돼 지역국 사기저하의 원인이 되고 있다.

둘째, 인사의 경우 모든 인사가 서울중심으로 이뤄지는 것과 연공 서열에 따른 승진, 사내공모의 불합리 그리고 서울과 지역 간에 순환 근무의 무원칙성 등 산적한 인사문제로 지역국 직원들은 불이익을 받고 있다. 특히 순환근무의 경우 서울에서 지역에 내려가는 것을 마치 유배지로 귀양 가는 식으로 인식하고 있고 서울에서 승진해 내려오는 사람의 경우도 다시 서울로 올라갈 궁리로 일관해 순환근무로는 지역국 발전이 어려운 실정이다.

셋째, 지역문제를 소개하고 지역방송이 폭넓은 논의의 장으로 서기 위해서는 자율편성이 무엇보다 시급하지만 지금과 같은 편성중앙독점은 심각한 문제가 아닐 수 없다. 기껏 지역국이 중앙에서 할당받는 시간대는 주시청 시간대의 자투리 부분이거나 주시청 시간대 밖으로 밀려나기 일쑤다. 또한 지역관련 프로그램도 서울에서 도맡아 서울 위주의 시각으로 제작하는 경우가 많다. 또한 일반 편성프로그램의 경우엔 PD가 여러 업무에 투입되고 단위프로그램에 집중하지 못하는 까닭에 고품질 프로그램 제작에 무리가 있을 수밖에 없다. 그러나 무엇보다 전체적으로 로컬 시간의 비율이 MBC보다 낮고 편성시간이 시청의 사각지대에 자리하고 있어 지역민의 욕구를 충족시키지 못하는 아쉬움이 있다.

권위주의 본산 KBS

　‘변화와 개혁’의 시대를 표방하는 문민정부가 들어섰음에도 정작 KBS 사람들의 의식은 전혀 바뀌지 않았을 뿐만 아니라 과거 군사정부에 아부하던 무리들이 다시 카멜레온식의 변신으로 여전히 군림하는가 하면 지역 근무자들은 지역에 근무하고 있다는 이유 하나로 서울사람들에게 여러 가지 불이익을 당하고 있어 KBS는 사실상 서울만 존재할 뿐 25개 지역국은 종속관계에 놓여 거의 없는 것과 마찬가지다.

　KBS의 중장기 발전을 전문적으로 기획하는 중기발전기획단이 최근 발표한 ‘지역방송국 기능 조정안’에는 지역방송 기능의 조정, 지역국 위상 재정립, 대시청자 서비스 확대 등의 방법으로 지역방송 운영체제를 개선하겠다고 되어 있다.

　그러나 일부 기획이 반영되었음에도 지역국의 최대 관심사인 지역국 위상 재정립 부분만은 제대로 반영되지 않았다. 그 까닭은 지역국 활성화에 대한 최고 경영진의 의지가 없거나 기획단의 역할 부족 때문이다. 홍두표 사장은 부임 초 기구축소 방짐으로 KBS 지역국 활성화의 상징인 부산본부를 부산총국으로 격하시켜 지역국 활성화에 찬물을 끼얹은 횡포를 자행하고는 지역국 현안들과 건의들은 접수만하고 성의 있는 검토조차 하지 않고 있다.

제언

지금까지 단편적으로 살펴본 지역방송의 중앙방송 종속과 구조적인 모순들은 KBS의 지역국과 서울과의 관계에서 파생되는 종속과 구조적인 모순에 한정되는 것이다. 그러나 이 문제는 KBS 내부 문제로만 그치는 것이 아니라 곧 다가올 방송환경 변화에 대한 우리의 위상과도 무관하지 않다는 데 문제의 심각성이 있다.

KBS 자체의 국정감사 제출 자료에도 나와 있듯 다채널시대가 도래하면 방송 전문인들이 대거 유출될 전망이다. 이렇게 되면 KBS는 '전문방송인 양성소'로 전락하게 될 것이고 지역국의 경우는 정상적인 방송조차 어려울지도 모른다.

중앙종속과 구조적인 모순을 타파하는 지역국 활성화 문제는 KBS라는 공영방송체계가 제 위치를 차지하기 위해 대승적인 견지에서 포괄적으로 수렴되어야 하며 말만의 방송 민주화가 아닌 가장 민주적인 방식으로 방송국이 운영되기 위해 노조가 개혁의 주체로 나서야 한다. 전문 방송인으로서 지역민들의 기대와 요구에 부응할 수 있는 공정방송의 실천적 의미가 뒤따라야 함은 물론이다.

(1993년 9월 27일 KBS노조 부산지부 주최 토론회 발제문)

언론인들의 정계 진출을 우려한다

미국 CBS의 명 앵커였던 월터 크론카이트는 한때 의회진출 제안을 받았으나 한마디로 거절한다. "나는 기자다. 기자는 어디까지나 기자일 뿐" 이라는 말로. 크론카이트의 이 말은 오늘 한국의 언론인들에게 시사하는 바가 크다.

우리의 언론인들은 과연 누구인가? 군사독재 시절, 아니 일제 때부터 언론인들은 끊임없이 권력 주변을 기웃거렸다. 춘원 이광수의 변절과 이른바 민족지라고 자칭하는 신문재벌들의 '황국신민' 발언, 군수품 납부 충성 등. 또 3공 시절부터 입각해 독재에 부역했던 언론인들. 5공 시절 언론학살의 주역들.

그리고 소위 문민정부에도 끊임없이 드나드는 언론인들의 정치인 변신 경쟁. 그들은 남자로서 한 입에 두 말을 한 과거를 뉘우침 없이 또 권력 주변을 기웃거리며 익숙한 얼굴과 낯익은 말씨로 한 표를 구걸하는 경지에 이르렀다.

경제는 선진국, 정치는 후진국이 안쓰러워 마이크와 펜을 던지고 나라를 구하지 않으면 안 됐기 때문인가?

과연 그들은 언론이 권력과 자본으로부터 완전 해방됐기 때문에 더 이상 언론에서 할 일이 없어졌기 때문인가?

언론고시라는 치열한 경쟁을 뚫고 들어온 영리한 후배들에게 자랑스러운 선배 기자상을 보여주기 위해 정치판에 뛰어든 것일까?

아니다. 독재의 물리력에 침묵했고 의로운 피 흘림을 '폭도'로 매도했던 그들은 '타의에 의해 획득한 언론의 자유'에 무임승차하면서 이제 권력의 단물마저 들이키려 하고 있는 것이다.

물론 정치는 정치인만이 하는 것은 아니다. 다양한 사회일수록 각 계각층의 이익을 대변하는 다양한 인물들이 의회에 진출해야 한다. 그러나 언론은 성격상 특정 회사나 특정 인물의 이익단체가 아니다. 때문에 언론을 공공의 이익을 대변하는 공기(公器)라 하고, 기자나 언론인은 권력이나 재벌을 견제하는 감시자로서 사회적인 대접을 받는다. 이 때문에 언론 안팎으로 권력과 언론의 유착을 경고하고 경계하는 당위성이 존재한다.

그런데 언제부터인가 일부 정치 지향의 언론인들이 언론을 발판 삼아 정계로, 관계로 나아가는 수단으로 이용하기 시작했다. 그런데 이들이 정작 정계로, 관계로 진출해 하는 일은 무엇인가?

언론에 몸담았던 전력으로 정부의 언론통제에 이용되거나 여·야 대결구도에 '얼굴마담' 역할을 하다 별 소용이 없으면 '팽' 당하고 마는 것 아닌가? 특히 심각한 것은 언론인들의 정계 진출이 언론에 남아 있는 사람들에게까지 심각한 영향을 미친다는 것이다.

공정해야 할 언론노조가 자사 출신의 언론인들에게는 관대하고 공공연히 홍보매체로 이용당하고 있으며 정치 지향적인 언론인들은 벌써부터 정계 진출 교두보를 확보하기 위해 권력 비위 맞추기와 일부 계층 두둔하기에 열을 올리고 있는 것이다.

언론인들의 정치 지향성의 해악은 이 밖에 후배 언론인들에게도 심대하다. 어떤 다른 곳보다 치열한 경쟁 속에 입문한 언론인들은 언론을 통해 '자기 현시 욕구'가 남달리 강하다. 그런데 그런 후배들의 눈에 비친 정치 지향성의 선배들은 과연 어떻겠는가? 일을 통한 보람과 성취 욕구보다는 권력과 강자의 논리에 충실한, 그래서 자신을 드러내는 바로미터로 삼게 될까 두렵다.

다시 크론카이트의 명제로 돌아가 보자. "기자는 어디까지나 기자일 뿐이다." 기자 언론인으로 시작한 사람은 기자 언론인으로 끝마칠 때 비로소 명예로워진다.

(1996년 1월 26일 〈기자협회보〉 미게재문)

진정한 언론의 자유는 언제 올 것인가

나는 요즘 선배 언론인들에게 묻고 싶은 것이 있다. 과연 진정한 언론인은 독불장군으로 존재할 수 있는가?

1987년 6월 항쟁으로 움트기 시작한 언론의 해방은 이제는 무한경쟁의 춘추전국시대를 방불케 한다. 민주시민들의 피 흘린 대가가 언

론의 자유를 꽃피워 다시 시민들의 문화 복지로 돌아가지 않고 자본
의 논리나 권력의 도구로 전락한다는 우려를 자아내고 있는 것이다.
신문사의 설립이 일정한 조건만 갖추면 허가되고 국민의 공유재산
인 전파를 이용한 방송도 국제경쟁력의 논리가 지배해 이른바 다매
체 다채널의 상업성을 추구하는 자본이 방송을 장악하게 된 것이다.

쉽게 말하자면 과거에는 언론의 억제를 통해 언론을 견제하던 방식
에서 지금은 언론을 풀어놓아 언론끼리 상호견제를 하게 한 것이다.

이러한 상황이 오기 전에 나는 내가 소속한 매체의 특성으로 나도
모르는 사이 일정 부분 독재 권력에 일조한 것을 솔직히 시인한다.
그러나 솔직히 선배 언론인들 가운데 현재까지 언론활동을 하고 있
는 사람 중 과거 독재 권력에 이러한 '부역'을 하지 않은 올곧은 언
론인들을 나는 불행히도 몇 사람밖에 기억하지 못한다. 따라서 나의
행적은 1987년 이전으로 소급할 수밖에 없고 당시 언론노조 활동이
불가능한 상황에서 자연 기자협회의 자유언론 실천운동에 관심이
갈 수밖에 없었다.

기자가 취재한 대로 보도를 못 하는 장애요인이 무엇인가에 대해
동료기자들과 고민하게 됐고 당시 편파왜곡이라는 불명예가 응어리
져 조직적인 활동이 필요하게 됐다. 그러나 기자협회는 단순히 기자
들의 친목단체에 불과하고 일부 정치 지향적인 기자들의 출세의 창
구로 이용됐기 때문에 자연 나의 기협활동은 한계성을 띨 수밖에 없
었다.

6·29선언 직후 〈한국일보〉를 필두로 조직되기 시작한 언론사 노
동조합은 이제는 50여 개 언론사에 1만 6천여 언론노동자들이 노조

에 가입돼 있고 이의 최상급 단체로 전국언론노동조합연맹(약칭 언론노련)이 합법적인 단체로 활동을 하고 있다.

나는 1993년 4월부터 1994년 5월까지 약 13개월여를 언론노련의 사무처장으로 자의 반 타의 반 일했다. 그러나 이 조직은 지금도 '화이트칼라' 노조의 핵심으로 계속 활동 중이기 때문에 다시 현업에 복귀한 나로서는 무엇이라고 말할 수 있는 입장이 못 된다. 다만 현직 언론인들과 현직을 떠난 선배 언론인들에게 언론노조운동에 한때 몸담았던 사람으로 할 수 있는 말은 현직 언론인들과 공정보도를 담보할 수 있는 현재의 유일한 대안은 언론노동조합운동밖에 없다는 점이다.

언론인이 왜 노동자냐고 반문하는 사람들이 많을 것이다. 이 같은 질문은 학교 선생님이 왜 노동조합을 구성하느냐는 질문과 일치한다. 나는 이 같은 질문이 나올 때마다 그러면 "당신은 노동자가 아니고 사용주냐"고 묻는다.

헌법에 모든 유·무형의 노동을 제공하는 사람들은 노동조합을 결성할 수 있는 단결권과 단체행동권을 가진다고 배웠을 것이다. 다만 화이트칼라 노동자들은 그들의 단결의 목적이 임금으로 대표되는 빵문제뿐 아니라 그들이 하는 일에 대한 보람을 찾기 위해 애를 쓴다는 데 있다. 때문에 대덕연구단지의 박사들로 구성된 과학기술자들도 노동조합을 구성하고 있으며 언론인들로 구성된 언노련이 수적으로 현총련이나 대기업 노조보다 적지만 역할은 훨씬 중요할 수도 있다는 상식이 공감을 받고 있는 직금이다.

따라서 나는 현재의 우리 언론이 아직도 언론의 자유를 진정으로

누리고 있는가 하는 원초적인 질문과 함께 우리 언론이 권력과 자본으로부터 완전히 자유롭지 못하다는 결론을 내린다. 이러한 부자유스러움은 언론인 개개인의 투철한 소명감 부족에도 기인함을 지울 수 없게 한다. 과거 한때 '지사형' 기자에서 지금은 단순한 '월급쟁이'로 바뀌어버린 후배 언론인들에게서 선배 언론인들이 할 수 있는 역할이나 대안은 무엇이며 이 땅에 진정한 언론의 장를 되찾을 수 있는 방안은 무엇인가에 대한 진지한 고민이 필요한 때이다.

(1994년 10월 3일 미게재문)

방송, 어떻게 만들어지나

1. 들어가며

21세기가 얼마 남지 않았다. 새로 올 천 년을 앞두고 '밀레니엄'의 변화하는 사회상에 대해 언론매체마다 기획과 예측 가능한 정보 전달에 애를 쓰고 있다. 한마디로 21세기는 정보사회다. 먹고 사는 기본적인 생활 위에 이제 정보가 없으면 성상석인 사회생활이 어려워지게 되는 것이다.

한국에서 시대구분은 20세기 초엽까지 농경과 산업사회가 혼재했다면 중엽에서 말엽까지는 산업사회와 지식, 정보사회가 겹쳐지다가 이제 본격적인 정보사회로의 대전환을 시작한 것이다.

컴퓨터의 발달로 하루가 다르게 주변 생활에 변화의 바람이 일고 있는 셈이다. 예를 들면 직장생활도 모여서 하는 것이 아니라 저마다 맡은 일을 집에서나(재택근무) 사무실 밖에서도 처리해 컴퓨터로 보내주면 그만인 것이다. 또 직장생활도 반드시 큰 회사에 소속돼 일하기보다는 작은 사무실에서 10명 안팎의 적은 인원으로 특정분야의 전문적인 일을 하는 이른바 벤처산업이 활기를 띨 것으로 보인다.

이에 따라 사람들의 생활도 특정분야에서 일하는 시간이 줄고 개인의 행동 또한 자유로운 행태를 보이며 여가선용이 생활의 질을 측정하는 기준이 된다.

이 같은 정보사회의 21세기는 방송 또한 기술적인 발전과 함께 내용도 다양한 사회생활에 걸맞은 프로그램을 개발해야 하며 개인의 소구력도 다양해져 지금까지 일방적인 전달에서 양방향의 방송이 이뤄져야 하며 채널 또한 세대별, 계층별로 다원화돼야 한다.

디지털TV의 개발로 한 채널로 여러 가지 프로그램 방송이 가능해지며 TV 속의 TV 시청도 일반화될 것이다.

그러나 무엇보다 우리 방송의 역할이 커지는 것은 앞선 정보와 거대자본을 내세운 외국 선진국들의 전파 제국주의 침공에 맞서 우리 문화를 지켜내는 일이다. 21세기가 아무리 정보사회이고 문화 세계주의라 할지라도 자기 것을 잃어버리는 문화 예속화 현상은 피해야 하기 때문이다.

2. 방송, 어떻게 만들어지나

1) 방송, 사람이 만든다

첨단매체인 TV의 경우 제작과 송출, 수신의 다양성 때문에 자칫 제작 과정에서의 사람이 하는 역할을 잃어버리기 쉽다.

컴퓨터에 비교하자면 기억 용량이라든지 통신과정에서의 처리속도 같은 것은 하드웨어에 비교하고 담긴 내용은 소프트웨어에 해당된다면 방송 역시 송수신은 하드웨어이고 방송내용은 소프트웨어가 된다. 이에 따라 무엇을 방송할 것인가 하는 소프트웨어는 역시 사람의 문제인 것이다.

여기에서 한 가지 짚고 넘어갈 것이 있다. 우리가 일반적으로 언론인 하면 신문사나 방송국에 다니는 사람을 지칭하는 것으로 알지만 언론인은 활자매체나 전파매체를 통해 사실보도나 의견방송으로 사회적인 영향력을 미치는 사람을 일컫는다.

2) TV 뉴스 제작과정

시청자들의 정보욕구가 강해지면서 텔레비전 방송 중에 가장 주목받고 있는 방송 장르는 역시 뉴스이다. 방송의 내용은 일반적으로 보도, 교양, 오락 등으로 나눈다. 이 가운데 뉴스는 보도에 해당된다. 따라서 전파매체의 역할이 교양, 오락도 중요하지만 한정된 지상파 채널을 위탁받은 방송은 보도에서 공정성이 담보돼야 한다(이 때문에 케이블 방송과 달리 공중파 방송은 반드시 뉴스를 내보낸다).

TV 뉴스는 음향과 영상의 합성체이다. 라디오도 물론 소리만이 갖는 강점이 있으나 화면을 통한 TV 뉴스의 위력은 대단하다.

오늘날 시청자들은 비디오에 익숙해져 매일매일의 정보를 TV 뉴스를 통해 손쉽게 얻으려는 속성을 가진다. 물론 개중에는 PC통신(인터넷)이나 자기만의 채널을 통해 전문적인 정보도 구하지만 일반적으로는 하루의 시작과 끝을 거의 TV 뉴스를 통해 나라 안팎에서 일어난 일들을 알고 나름으로 세상 돌아가는 이치를 분석하기도 한다.

가령 최근의 서해 앞바다에서의 '남북한 경비정 교전 소식' 을 몰랐던 사람이 있다 치자. 이 사람은 대화의 자리에서 제외되며 오히려 몰랐던 사실 그 자체를 의심받게 된다. 정보사회에서 '정보의 소외자' 는 정상적인 사회생활이 어려우며 생활에서도 큰 손해를 입게 된다(증권투자의 경우 시사문제가 주가형성에 큰 영향을 미침).

따라서 TV 뉴스는 각 방송사마다 사운(社運)을 걸고 제작을 하며 특히 밤 9시 뉴스는 종합뉴스로 하루의 일을 총망라해 시청률 경쟁에 안간힘을 쏟기도 한다. 달리 말하자면 9시 뉴스는 방송 프로그램의 간판 프로그램인 셈이다.

뉴스는 활자화된 기사(오디오)와 영상(비디오)의 복합체로 아나운서나 기자의 멘트와 리포트로 구성된다. 각 아이템의 길이는 길어야 1분 30초이고 중요한 아이템은 나누어내기도 한다. 이처럼 짧은 시간에도 불구하고 TV 뉴스가 위력을 발휘하는 것은 앞서서도 잠깐 언급했지만 소리와 영상이 합쳐 시너지 효과를 내면서 전달력과 이해력이 빨라지기 때문이다. 특히 특정 사실을 전달하는 기자들의 리포트는 개인차에도 불구하고 현장감을 높인다는 측면에서 '뉴스의 꽃' 이라고 불린다.

일반적으로 뉴스 제작과정은 기획→현장취재→편집→송출로 구분된다. 리포트물의 경우 취재기자와 촬영기자가 동행해 현장에서 취재하며 ENG(Electric News Gathering) 촬영물을 오디오와 비디오를 합성하여 1/30초(1 frame)로 쪼개내는 작업(편집)을 거쳐 송출한다.

특히 현장취재는 최근 중계방송 기기의 발달로 SNG(Satellite News Gathering)의 경우 지구촌 어느 곳이라도 소형 포터블만 설치하면 위성중계가 가능해져 세계에서 일어나는 사건들을 현장에서 동시방송하고 있다(CNN의 걸프전 방송).

3) 뉴스 취재과정

뉴스 취재과정은 다른 매체와 크게 차이가 나지 않는다. 소위 뉴스거리가 될 만한 것들을 모으는 것을 취재라 할 때 '기삿거리가 있는 곳에 기자가 있다' 고 보면 된다. 여기서 말하는 기삿거리는 기자나 데스크가 판단할 수도 있고, 시청자가 판단할 수도 있다. 다만 뉴스의 비중은 '희귀다대(希貴多大)' 의 원칙이나 다중의 공통된 관심사에 따라 달라진다. 예를 들면 산불도 식목일일 때 난 산불은 비중이 커진다. 그러나 방송은 비중이 높다고 해서 신문처럼 무한정 지면을 할애할 수 없는 시간의 한계가 있는 만큼 큰 뉴스는 아이템을 나눠서 여러 각도로 조명한다.

따라서 방송기자는 시간과의 전쟁을 벌이는 동시에 화면 확보, 압축해서 알기 쉽게 설명해주는 능력 발휘가 요구된다.

특히 아무리 훌륭한 기자라도 화면을 확보하지 못하면 비중 있게 기사를 취급하기 어려우므로 신문이나 라디오 기자보다 몇 배의 힘이 든다.

사실 방송, 특히 TV 뉴스는 마감 시간이 없다. 현장 확보가 생명인 만큼 보도국은 24시간 불이 꺼지지 않으며 보도국은 24시간 기자가 있다.

기사는 내용에 따라 사건기사(발생기사), 기획기사(발굴기사), 공급기사 등으로 나눌 수 있다. 사건기사의 경우 주로 경찰이나 검찰 등 사건을 취급하는 기관을 출입하는 기자들에 의해 작성되지만 현장이 생명인 TV 기사는 '시청자 제보'가 가장 중요하다.

최근 고발뉴스가 TV 뉴스의 중요한 아이템이 되면서 시청자가 참여하는 쌍방향 뉴스제작의 지평을 열고 있다.

3. 맺는말

21세기는 정보사회다. 따라서 정보를 떠나서는 정상적인 사회생활의 영위가 어려우며 필요한 정보를 얼마나 유용하게 활용할 수 있느냐의 여부가 삶의 질과 바로 연결된다.

눈부신 정보통신 기술의 발달로 이제 바야흐로 방송과 통신이 바로 이어지는 멀티미디어 시대가 도래하고 있다.

멀티미디어 시대는 곧 수용자가 주인인 수용자 주권주의가 실현

될 것이다. 수용자 주권 시대는 종전과 같이 방송국 일방의 방송에서 쌍방향의 대화형 방송이 근간을 이룬다.

그러나 21세기는 미디어 제국주의도 우려된다. 첨단의 장비와 거대자본으로 밀려오는 외국 방송(전파 월경)은 반드시 이상적인 것만은 아니다. 문화 식민지화로 민족의 정체성마저 잃을지도 모른다.

성숙한 수용자는 이러한 정체성의 위기에서 어떡하면 공영 미디어를 지킬 수 있는가 하는 문제도 함께 고민해야 할 때다.

(1999년 6월 26일~7월 24일 부산언론운동 시민연합 주최 제11회 언론학교 강의원고)

지방행정과 영상매체

1. 들어가며

현대를 정보사회라 부른다. 1차 농업사회에서 2차 제조업, 3차 서비스산업을 거쳐 유·무형의 가공된 정보가 한 나라뿐 아니라 국제사회를 움직이는 원동력이 돼가고 있는 것이다.

미래학자 앨빈 토플러가 불과 10년 전에 『미래의 충격』, 『제3의 물결』을 발표할 때만 해도 먼 나라의 일로 받아들여졌던 일들이 이제

현실로 다가와 정보를 먼저, 많이 가진 계층과 집단에게 권력이 옮겨가는 이른바 '권력이동' 현상이 눈앞에 벌어지고 있다.

이처럼 중요한 정보는 미국의 경우 고어 부통령 주도로 정보 고속도로망을 깔기 시작했고 우리도 늦었지만 합류하고 있는 시점이다. 이제 세계는 정보의 대량 생산과 소비시대에 진입했고 이미 정보전쟁은 시작됐다.

따라서 지난해 6·27 지방선거를 통해 출범한 지방자치 정부들이 이 정보사회에서 어떻게 경쟁력을 가지고 양질의 서비스를 할 수 있느냐와 언론과의 관계에서 어떻게 하면 효율적인 홍보정책을 수립할 수 있느냐 하는 점들이 이 글의 요체이다.

2. 지방행정과 언론과의 관계

1) 언론이 보는 지방행정

언론은 흔히 '제4부'로 별칭되는 것처럼 행정에 대해 견제와 감시의 기능을 가지고자 애를 쓴다. 이러한 관행은 행정 각 부서의 출입처를 중심으로 한 취재기자들의 취재형태에서 드러나는 것으로 독자나 시청자들로부터 담보 받은 역할을 수행한다는 측면에서 공적인 기능을 가진다.

언론을 공기(公器)라고 부르는 이유도 여기에 있다. 따라서 행정의 역할에 대한 언론의 자세는 지금까지는 비교적 부정적인 시각이 강했다. 그러나 지난 6·27 지방선거를 통해 지방자치 정부가 출범

하면서 언론, 특히 지방언론들의 지방정부에 대한 시각도 많이 교정
되었다(경영행정).

지방언론과 지방행정의 이 같은 관계 변화는 자치 정신에 걸맞은
동반자의 관계로 정립되면서 대외적인 경쟁력을 갖추기 위해서도
변화에 대한 '열린 자세'가 필요해진다. 그러나 이 같은 변화의 분위
기 속에서도 행정 특히 지방행정의 언론에 대한 홍보정책은 별로 바
뀐 것이 없는 것 같다.

지방정부의 공보나 홍보 관계자들은 여전히 언론에 대해 '폐쇄
적'이며 알 권리 충족 측면이나 정보 청구에 대해 거의 무지에 가까
울 정도로 독점권을 주장하며 그저 '조용한 것이 좋다'는 인식이 팽
배한 것 같다.

비근한 예로 지자체 출범 얼마 후 모 군에서 지방 기자실을 폐쇄
한 사건 같은 것은 언뜻 보면 민선 군수의 소신과 지방언론의 폐해
만 부각됐을 뿐 지방정부의 홍보정책 개선의 실상은 제대로 알려지
지 않았다.

2) 방송(영상매체)과 지방정부와의 관계 개선

앞서 정보의 필요성이 잠깐 언급됐지만 성숙한 정보사회에서 '정
보유통의 민주화'가 대명제이자 기본 요건이다. 과거 독재 권력 시
절 권력을 가진 집단들이 정보도 역시 독점했으며 필요에 따라 정보
를 공유하는 대가도 요구했다.

그것은 일부 계층은 풍족한 생활을 영위할 수 있을지는 몰라도 대

부분의 국민들은 소외돼 결과적으로 국가 전체에 엄청난 손실로 이어지는 것이다. 따라서 정보 고속도로 같은 국가적인 사업은 국민들로 하여금 필요한 정보를 공유함으로써 국가 경쟁력 향상 측면에서도 필수 불가결한 문제이고, 최근 하드웨어 발전에 따라 우리에게도 시급한 과제로 떠오르고 있다.

여기에서 기본 전제는 지방행정이 갖추거나 수행하고 있는 정보들을 어떻게 효율적으로 주민들과 공유하느냐 하는 방법론이 제기된다. 따라서 언론 특히 속보성을 자랑하는 방송의 역할이 커진다.

오늘날 발전하는 영상매체에 익숙한 시청자들은 편안히 가공된 정보를 접할 수 있기 때문에 지방행정의 성공 여부는 어떻게 전파를 잘 탈 수 있느냐가 관건이 된다. 특히 선거구민에 신경을 써야 하는 자치단체장들의 경우 얼마나 친숙한 이미지로 유권자들에게 다가가느냐에 따라 다음 선거를 장담할 수 있게 될 정도로 영상매체의 비중이 높아졌다. 이 같은 예는 지난 6·27 선거 때 TV 토론회 등을 통해 후보를 선택할 정도로 유권자들의 선택 방법이 바뀌고 있고 미국 같은 곳에서는 '데모크라시=텔레크라시' 라는 말이 나올 정도로 영상매체의 위력은 막강하다.

이에 따라 지방정부의 홍보 관계자는 언론 특히 영상매체에 대해서는 종전의 고정관념에서 벗어나 변화하는 메커니즘에 익숙할 필요가 높아졌다.

단순히 행정의 정보 공유뿐 아니라 미디어의 특성을 이해하고 영상(비디오) 부분에 대해 그 중요성을 깊이 인식해야 한다.

영상매체에 대한 이 같은 인식은 어쩌면 공무원들이 노력한 결실을 안방 시청자들로부터 인정받는 첩경이기 때문이다.

3. 몇 가지 제언

1) 언론은 적대 관계가 아니라 동반자이다.

2) 공격적인 홍보 전략을 세워라.

3) 비판을 두려워 말라.

4) 반론권을 확보하라.

5) 결과에 대해 겸허히 수용하라.

(1997년 경상남도 공무원 연수원 공보담당관 강의)

'엎드린 언론'은 역사를 못 본다

– 부마항쟁 검열거부… KBS 4월 투쟁… '촌기자' 19년의 역정

나는 촌기자다. 아니 서울식으로 표현하자면 시골기자다. 비록 19년 경력의 기자지만 세상을 깜짝 놀라게 할 기사 하나 변변히 없는, 없어도 그만인 기자인지도 모른다.

따라서 44년의 지나온 삶을 반추해볼 마음이나 용기 또한 저어된다. 다만 지극히 평범한 나의 삶이나 시골기자 생활임에도 붓을 든 것은 지나온 삶이 이 땅 지역 언론의 현실이고 아직도 우리의 언론 상황이 별로 나아진 것이 없는 암담함에 늘 절망하고 있기 때문에 함께 고민해보자는 뜻에서 용기를 낸 것임을 밝혀둔다.

고향 마산의 3 · 15의거

내가 태어난 전후 마산의 분위기는 해방과 함께 일본에서 나온 우환동포(사람들은 귀환동포를 그렇게 불렀다)와 전쟁을 피해 반도의 끝까지 내려온 피난민들로 혼재된 어시장의 어수선함 그것이라 할 수 있다. 따라서 무일푼으로 일본에 정착한 부모 아래에서의 학업은 척박했다. 초근목피, 강냉이 죽, 부황증 그리고 수업료를 제때 못 내 수업시간에도 쫓겨나고 성적표의 행동발달 사항에서 사회성은 늘 '다' 였다.

사친회비를 마련 못 해 시장에게 호소문을 써 품에 넣고 다니던 초등학교 3학년 때인가. 우리 뒷집에 모 지방지에 다니는 신문기자가 있었다. 선글라스에 흰색 싱글 양복차림 그리고 백구두와 늘 술에 찌든 얼굴, 내가 처음 본 지방기자의 부정적인 모습이었다.

1960년 3월 15일. 부정선거에 항의해 일어난 마산 시민들의 의거를 먼발치에서 본 나는 부패한 권력과 민중들과의 역학관계를 처음 느낀 셈이고 그 후 나의 여정에 적잖은 영향을 미쳤다.

1970년대 초 나의 대학생활은 우리 사회가 초기 민주적인 발아기

에 갖는 불안과 가능의 양면을 그대로 가진 상황이었다. 빵문제와 정
신적인 고양(高揚)으로부터의 궁핍성, 싼 등록금 때문에 반도의 끝
국립대학에 다닌 나로서는 지적 결핍에 대한 욕구와 마산적인 여유
때문에 고주망태로 취해 있는 것이 다반사였다.

유신방학을 전후로 교내에는 탱크와 군이 주둔하면서 더욱 삭막
한 교양학부 시절 어느 날이었다. 지금은 월북한 ○교수가 베를린 대
학에서 변증법을 전공했다 해서 국민윤리 첫 시간에 학우들은 호기
심 어린 마음으로 기다리고 있었다. 당시 교재는 라파엘의 '아테네
학도'가 표지로 그려진 철학개론서.

○교수는 들어서자마자 학생들에게 책 표지의 인물들을 반어법으
로 물었다. 그는 서양의 두 철학자와 우리의 이기이원론(理氣二元
論)의 대가들에 대해 설명하면서 우리 철학교육의 주체성을 강조한
것으로 기억된다.

나는 이 이색적인 수업에 고무돼 교내에 주둔한 군대를 어떻게 생
각하느냐고 물었다. 그는 곤혹스러운 표정으로 "학생들의 순수한 열
정도 중요하지만 무모한 대항도 문제"라고 대답한 것 같다.

군사독재의 폭압적인 물리력 앞에 좌절할 수밖에 없었던 당시의
학생운동은 그 뒤(1973년쯤) 총학생회 주최 개교기념 학술강연회에
초청된 고려대 김성식 교수가 한 말로 대변된다.

"한국의 학생운동은 정치권력에 반해 이뤄져왔다. 광주 학생의거
가 그렇고 해방 전후 공간과 이승만 반독재 투쟁도 그렇다. 따라서
일정한 시기가 지나면 바람직한 운동방향이 사회개혁 쪽으로 흘러
갈 것이다."

그러나 김 교수의 예측은 아직도 현실로 나타나지 않고 있고 현재
의 학생운동도 여전히 정치권력에 대한 반대투쟁으로 향하면서 우
리의 정치현실을 그대로 보여주고 있다.

반항, 좌절 그리고 폭음

나의 대학생활은 비교적 온건하면서도 참여 쪽으로 흘렀다. 대학
학보에 꾸준히 글을 실었고 교내방송을 통해 나름으로 언론활동을
했으며 교지편집을 통해 학생들의 여론을 수집했다.

교지편집 때의 일이다. 당시 우리는 학교 당국의 일방적인 교과과
정(커리큘럼) 개정의 요구와 소외계층의 비참함을 다룬 화보 그리고
지금은 모 법원판사로 있는 ㄱ씨의 단편소설 「월남 참전기」(진정한
외국의 도움은 용병이 아닌 그 나라 사람의 입장이어야 한다는 게 요
지) 등을 다루었다.

인쇄소에서 모든 원고가 출고되고 윤전기가 돌아가는 것을 확인
한 뒤 편집위원들과 며칠 섬에 가 쉬고 와보니 인쇄소 사장의 얼굴이
하얗게 질려 있었다. 학교 총장의 지시로 문제가 된 화보와 커리큘럼
개정 요구, 단편소설 등을 모두 찢어내고 있었다. 학생처장의 말로는
모두 이적표현물이라는 것이다. 1년을 고생한 것이 물거품이 되는
순간이었다. 지금 대학 학보나 교지를 보면서 논조나 표현의 자유에
서 격세지감을 느낀다.

순수한 반항과 좌절, 폭음 속에서 대학을 마친 나는 곧 바로 신문
기자로 출발했다.

1979년 10월. 부산대로부터 시작된 부마항쟁은 부산의 중심가인 광복동과 남포동에서 연일 시민들과 학생들이 합세한 시위로 계속됐다. 수많은 시민들이 지켜본 현장이지만 당시 신문이나 방송은 정부 발표문만을 인용해 "부산 일원에 소요" 식의 상투적인 표현에 그쳤다. 부마항쟁 당시 중앙정보부장이었던 김재규는 여러 차례 부산을 다녀갔고 사태의 심각성을 전한 것으로 알려졌으며 미국도 한반도의 끝에서 이러한 소요는 마치 남한 전체가 소용돌이에 휘말린 것으로 외신들은 전했다. 한반도 끝에서 온순하기만 하던 민중들이 결기에 그슬려 한번 '욱' 하면 무서운 기세로 역사의 전환점을 만들어 내는 것이다. 곧이어 궁정동에서 총성이 들리고 부산지역에는 위수령이 내려졌으며 부산역 광장에는 매일 완전무장한 군인들로 가득 메워졌다.

1979년 10월 부마항쟁 당시 일천한 사건기자로서는 감당하기 어려웠던 역사적인 사건에 접한 나로서는 학생들과 민중들의 피나는 투쟁에 대해 사건의 진상조차 제대로 보도도 못 하고 숨죽여 엎드린 언론에 대해 좌절감과 회의의 시선을 보내기 시작했다.

그것은 민중들이 먼저 일어서도, 숨죽여 기회를 보다 권력을 잡은 쪽으로 돌아서는 권력 지향형의 기회주의적인 언론이었고 지금도 대부분의 언론들이 이 속성을 버리지 않고 있기 때문이다.

나는 10·26 이후 부산지역에서 살기등등하게 '점령군'으로 도착하는 군인들을 보면서 가슴이 답답해지기 시작했다. 당시 부산지역은 통행금지가 저녁 8시로 앞당겨지고 부산시청 앞을 비롯해 시내 곳곳에는 탱크와 장갑차 그리고 완전무장한 군인들로 '계엄도시'의

살벌한 분위기로 바뀌면서 무고한 시민들이 이들에게 폭행을 당해도 이를 비난하는 논조의 신문이나 방송의 보도는 전혀 찾아볼 수 없었다. 매일 분노한 시민들이 내가 속한 회사 사무실로 항의전화를 걸어왔으나 누구 하나 용기 있게 전화를 받는 사람은 없었다.

군의 보도지침과 검열기준이 발표되고 첫 보도부 회의가 열렸을 때였다. 나는 용기를 내 "잣대가 잘못됐을 때는 최소한의 항의의 표시로 기사를 쓰지 말자"고 백지동맹을 제의했다. 당시 신문과 방송은 서울의 통신 기사를 텔렉스로 받았기 때문에 이 주장은 가능성이 있었으나 보도 책임자의 묵살로 무산됐다. 따라서 우리는 매일 같은 기사를 3부씩 작성해 시청 군 검열관에게 가져갔고 군 관련 기사는 내용과 관계없이 삭제됐다.

이러한 암담함 속에서도 부마항쟁의 격전지였던 남포동과 광복동 거리를 우리는 매일 나갔다. 하루는 남포동 육교 근처를 지나는데 시민 몇 사람이 길가에 꿇어앉아 있었고 우리는 신분을 밝히면서 무장 군인과 이야기를 하고 있었다. 그때 상가 건물 2층에서 말린 신발을 거두려던 한 젊은이가 신발이 밖으로 떨어지자 이를 주우러 나왔다가 총 개머리판으로 마구 얻어맞았다. 함께 있었던 선배가 항의하자 그 군인은 M16으로 우리를 겨누었고 이 소란 사이에 젊은 장교 한 명이 다가와 사정을 이야기해 가까스로 위기를 넘겼다. 장교의 안내로 가까운 곳에 예약해둔 숙소로 가 장교에게 내가 담배를 권했더니 철모를 벗는 장교의 얼굴이 너무 어려 보였다.

"전방에서 혹독한 훈련을 받고 창이 가려진 열차에 몸을 실었을 때 우리는 이곳이 완전히 빨갱이들에게 점령당한 줄 알았다. 그러나

막상 와보니 모두가 선량한 우리의 부모 형제였다." 그 군인의 말이
었다.

의연함을 잃지 말자

박정희 유신 독재정권의 폭력성에 종지부를 찍게 한 부산과 마산
지역 민중들의 항거는 아직도 역사적인 의의나 성격에 대해 완전히
규명되지 않고 있다. 그것은 일반 민중들의 망각증세 때문이기도 하
지만 언론이 직무유기한 부분에 대한 철저한 자기반성이나 재조명
작업이 제대로 이뤄지지 않았기 때문이다.

이 같은 과오는 그 뒤 1987년 6월 항쟁 때도 마찬가지로 많은 언론
들이 시민들의 돌팔매를 맞았으나 역사적인 진실을 외면하는 언론
의 관행이나 속성은 여전히 바뀌지 않고 오늘로 이어지고 있다.

나는 그 뒤 언론통폐합에 의해 회사를 옮겼고, 지금까지 과거 독재
권력의 잘못에 따른 유무형의 피해 또한 컸다. 이 과정에서 내가 소
속한 회사는 어김없이 권력의 시녀 역할을 충실히 했고 나름대로 내
부적인 저항과 후배 기자들과 연대해 공정보도 분위기 조성과 잘못
된 언론의 관행을 바로잡고자 미력이나마 애쓰고 있다.

그러나 시간은 너무 빠르게 흘러가고 우리들의 시각은 앞으로만
향한 채 과거를 잊고 산다.

(1995년 3월 30일 〈기자협회보〉)

노보가 만남 사람-KBS 기자 장동범

(서면 대담: **장홍태** KBS노조 부산 · 울산 지부장)

선배(先輩). 회사를 다니면서 참 입에 익은 말이기도 하지만 한편으로는 더없이 낯선 단어이기도 하다. 공채 출신 사장임을 자랑스럽게 여기는 전 · 현직 두 사장의 모습들과 또 최근 그들에게 충성을 아끼지 않는 또 다른 이들의 모습들을 지켜보면서 과연 '선배' 라는 말은 어디까지가 현실과 합당한 지 헷갈리게 되는 요즘이다. KBS를 통해 사회생활을 시작하거나 혹은 새 출발을 한 후배들에게 이런 선배들의 행태는 '인지부조화' 를 불러일으킨다. 자연스레 행동에 맞춰 태도를 바꾸는 것을 강요당하고 그래서 또 고민하게 만드는 것이다. 과연 선배라는 용어는 그저 부르기 좋은 호칭에 불과할 뿐일까?

부울노보는 정년을 이제 2개월 남짓 남긴 한 선배님과의 대화를 통해 이 고민의 기로를 가늠해보고자 한다. KBS인이면서 게다가 당연히 후배를 둔 이 선배는 우리의 현재와 과거를 어떤 눈으로 바라보고 있을까? 언제나 그랬듯 부드러운 음성이었지만 KBS와 지역국을 통찰하는 그의 육성들은 일그러진 KBS 안의 인지부조화들이 제자리를 찾아가는데 도움이 되었으면 하는 바람이다.

물론 KBS인으로서의 당신의 인생이 퇴직 후에도 계속 이어지길 기대하면서 암과의 싸움 역시 훌륭히 떨쳐 일어나시길 바라고 또 바란다.

問 : 선배님과의 인연을 떠올린다면 1990년도 중반 즈음 거문도로 향하던 문학기행단을 떠올릴 수밖에 없다. 휴가 중인 것으로 기억하는데 영상취재를 부탁하면서 굳이 마이크를 잡고 뉴스를 제작하셨는데.

答 : 아, 그때 같이 동행한 사람이 지부장인 줄 몰랐을 정도로 오래된 일이다. 내근 데스크를 볼 때로 기억되는데 지금 부산문화재단 강남주 대표이사가 당시 수산대에서 보직을 맡고 계실 땐데 저의 기자 대선배였다. 여름방학 때 부산시내 인문계 고교 국어과 선생님들과 당시 수산대 실습선 '한바다호'로 1박 2일 거문도와 백도로 문학기행을 가게 됐는데 동행을 요청해와 그냥 가기도 뭐하고 그래서 휴가차 가면서 이왕 가는 김에 한려수도의 수려한 풍광을 자료화면이나 확보하자는 차원에서 갔다가 현장을 보고 난 뒤 욕심이 나 급하게 리포트물을 제작하게 된 것이다. 말하자면 현장에서 기자의 욕심이 발동했다 할까….

問 : 그 당시 부산에서 현재 민주노동당 국회의원이신 권영길 의원 등과 같이 자리를 한 적도 있다. 어떤 인연이신지?

答 : 앞의 내 약력을 보면 짐작되듯 1990년 초 KBS 방송 민주화 투쟁 때 부산지역 비대위원장을 잠시 맡은 적이 있었다. 솔직히 1987년부터 생기기 시작한 언론사 노동조합은 자생적이라기보다 민주화를 열망하는 수많은 민중들의 피의 대가로 생긴 것이다. 초기 노조 지부장에 출마한 적이 있었으나 직종 이기주의랄까, 쪽수에 밀려 떨어지고 주로 기자협회를 중심으로 내부 방송 민주화에 매진하고 있었다.

그러다가 1990년 4월 사태가 터졌고 노조 부산지부 지도부가 공백 상태가 됐다. 주위에서 후배들을 중심으로 나의 등을 떠밀었다. 타다보니 호랑이 등이었다. 그 당시 부산총국은 지역의 맏형으로 조직상 부산본부(후에 구포열차사건으로 총국으로 강등됨)였으나 서기원 씨를 KBS 사장으로 내정하면서 불붙기 시작한 KBS 방송 민주화의 열기는 부산권역도 뜨거워 초기에는 차량 주유권 결재까지도 비대위원장이 할 정도였다. 우리는 사흘이 멀다 하고 벌어지는 상경투쟁에 만삭이 된 임산부 조합원까지 가세해 서울 민주광장을 채울 정도로 열심이었다.

이러한 투쟁 열기가 전국언론노조연맹 초대위원장이었던 권영길 선배의 귀에 들어갔고 당시 언론사 노조운동에서 점차 외연을 넓혀가야 하는 권 위원장 입장에서는 업종회의, 전노대(전국노동자대표회의)에서 오늘날 민주노총의 산파역할을 하기까지 언노련 내부 살림을 맡을 선출직인 사무처장 자리가 공석이 생기자 거의 '삼고초려' 차원에서 촌놈인 나를 추천해 인연을 맺기 시작했다. 내 개인적으로는 언론인 출신 정치인들을 극히 경계하지만 굳이 지조 있는 언론인 출신 정치인을 꼽으라면 권영길 씨 단 한 사람을 꼽을 뿐이다.

問 : 언노련은 현재 전국언론노조와도 깊은 관련이 있다. 당시 상황
들과 인물들을 회상해보신다면? 그리고 현재 KBS노조와 언론노조
와의 관계에 대한 견해는?

答 : 노조의 가장 기본정신은 평등이다. 일하는 사람은 일한 만큼 정
당한 대우를 받아야 하고 고용한 사람과 대등한 입장에서 계약관계
를 유지하기 위해 법적으로 보장된 조직이 노조이다. 그러나 언론노
조는 단순히 제조업 노조와 달리 조합원의 권익옹호뿐 아니라 언론
이라는 사회적 공기(公器)에 따른 역할과 책임이 뒤따른다. 방송사
노조의 경우 공정방송 담보와 노조원의 권익옹호라는 두 바퀴로 굴
러가야 하는 것이다.

초기 언노련은 주로 신문 노조 창립 멤버 중심으로 결성되었다. 한
국의 언론사가 보여주듯 군사 독재정권시절 수많은 언론 탄압이 있
었고 언론의 자유(엄격한 의미에서는 표현의 자유)는 언론 스스로
쟁취보다 민중들에 의해 쟁취돼 언론인들에게 맡겨졌다. 1987년부
터 생기기 시작한 언론사 노조는 언론 내부의 누적된 모순과 언론 밖
의 민주화운동이 화학적으로 결합해 이뤄진 화이트칼라 성격의 노
조였으며 이념적 중심은 당연히 언노련이었다.

상급단체로써 언노련에 가입하는 언론사 노조가 늘어나면서 내부
적인 주도권도 처음에는 신문이었으나 미디어 영향력이 활자매체에
서 전파매체로 점차 옮겨가면서 조합원 수나 납부하는 연맹비 수준
으로 보면 KBS노조가 단일노조로 최대의 회원사 노조였고 자연히
연맹에 파견되는 전임자 수도 많아지면서 영향력 또한 커져갔다. 그

러나 신문과 방송이라는 이질적 회원 매체를 아울러야 하는 연맹으로써는 KBS라는 방대한 회원사 내부 문제를 연맹 차원에서 일일이 끌어안기에는 한계가 있었고 자연히 '방송노련'을 만들자는 방송사 내부의 목소리가 커지면서 언노련과 앙금이 생기기 시작했다. 오늘날 대기업 노조와 산별 연맹의 갈등과 한계점이 이때부터 노정되기 시작한 것이다.

그럼에도 불구하고 노동조합운동은 아무리 대기업 노조라 해도 상급단체와의 연대의 틀을 깨서는 안 된다. '단결!' '투쟁!' 이 막연한 구호가 아니고 노조의 기본 행동 지침이기 때문이다.

問 : 당시 언노련 업무를 하시면서 기자들을 포함한 언론인들의 정치 참여에 대해 비판적인 말씀을 하셨는데 구체적으로 말씀해주신다면?

答 : 노동운동은 어차피 정치적인 색깔을 지닐 수밖에 없다. 그 방향성이 좌파든 진보든 기득권에 대한 도전과 분배 정의에 입각해서는 정치성을 띨 수밖에 없고 노조원 개인 또한 자유로운 정치성향을 가질 수 있다.

그러나 기자 신분으로 혹은 한 방송사의 앵커 출신이 자신이 몸담았던 언론의 영향력을 배경으로 특정 정당의 공천을 받아 정계에 입문하는 한국적인 구조에는 극히 회의적이다. 이러한 언론인 출신 정치인 대부분이 언론을 자신의 입신출세를 위한 도구로 이용했거나 특정 언론을 비호하거나 특정 정당의 이미지 홍보에 들러리를 섰을 뿐 진정한 정치적인 개혁에 앞장 선 이들이 드물었고 대부분 타락한

정치인 군상에 매몰됐다. 이러한 성향은 서울에 본사를 둔 언론사 정치부 출신 언론인들에게 특히 많이 나타난다.

나는 기회 있을 때마다 미국의 유명한 앵커였던 월터 크롱카이트의 예를 든다. 크롱카이트가 CBS 메인뉴스 앵커로 한창 전성기를 구가할 때 당시 미국 대통령이 상원의원직을 제의했으나 그는 일언지하에 거절하면서 언론인으로서의 자신의 역할을 강조했다고 한다.

問 : 언론인, 혹은 KBS 기자로 사는 삶이 얼마나 정치 독립적일 수 있나?(혹은 이를 위해 어떤 생각을 견지하거나 지향해야 할까?)

答 : 내가 처음 기자로 입문할 당시만 해도 기자직에 대해 지사형(志士型)으로 생각하는 이들이 많았다. 기자를 '사회의 목탁'이라든지 '무관의 제왕'으로 부르며 사회의 부조리를 바로잡고 권력의 비리를 고발하며 약자의 입장을 대변하는 계도형 언론인상 말이다.

그러나 1990년대 들어 KBS 공채시험에 합격해 들어온 후배들에게 왜 기자직을 택했느냐고 물어보면 대부분 자아실현 내지 자기 현시(顯示) 욕구가 강했다. TV 화면에 마이크를 잡고 자신의 얼굴이 척 나오는 모습에서 언론인으로서의 소명의식보다 자신을 드러내는 일에 더 관심이 많음을 나타낸 것이다. 이타적이기보다 이기적인 성향이 강한 시대상을 반영한 것으로 반드시 나쁘다고만 할 수는 없는 일이다.

다만 공영방송 KBS 기자로 있는 동안 내가 몸담고 있는 KBS가 어떤 곳인가에 대한 질문은 항상 해야 한다. KBS의 주인은 누구인가? 나는 누구를 위해 과연 일을 해야 하는가?

問 : 부산, 창원, 대구, 울산 등 영남지역의 곳곳에서 일 해보셨는데, 과연 KBS 안에서 지역국이란 무엇인가?

答 : 고향이 마산이어서 그런지 30년 KBS 직장생활 동안 거의 삼분의 일 정도의 세월을 창원, 울산, 대구 등지에서 보내 자칭 '삼산거사'라고 부른다. 영남지역이라고 KBS 다른 지역국과 다를 게 뭐 있겠느냐마는 한마디로 KBS 안에서 '지역은 없다'.

KBS 안에서 지역은 어디까지나 변방과 주변부일 뿐이며 들러리이고 여의도 서울공화국을 위한 수족일 뿐이다. 수신료로 운영되는 KBS에서 재원의 절반을 내는 지역 시청자들 또한 서울공화국을 위한 들러리이고 지역민을 위한 지역 프로그램 제작에 수신료의 절반을 쓰라는 요구는 마이동풍이 된지 오래이다. 지역방송 활성화 소리는 회사 사정이 그런대로 괜찮을 때 잠깐 나왔다가 곧 사라지고 지역 총국장의 재량권 역시 정해진 예산과 정해놓은 인원에 따라 아껴 운용할 뿐이며 서울서 내려온 분이면 한강 다리 건너가면 곧 잊어버려야 정신 건강에 좋다.

디지털 시대에 탈 중심주의가 도래한 지 오래고 가장 보수적인 정부 행정조직조차 '부산지방00청' 인데 'KBS 부산' 이 아닌 '부산 KBS' 라고 썼다간 큰일 난다. 무엇보다 출세하려면 한 나이라도 젊을 때 서울로 가야 한다. 지역에서 묵묵히 자기 맡은 바 소임을 다하다간 어느 세월에 후배들이 윗자리 차지해 내려오면 선배 모양새마저 안 좋아져 입지가 점점 좁아져 처신하기 힘들다.

問 : 사실 지역국 활성화의 구호는 KBS가 생긴 이후 여전히 현재 진행형이다. 지역국 활성화를 위한 제언을 하신다면?

答 : 지역국 활성화 문제는 어느 한쪽의 시혜 문제가 아닌 KBS의 정체성과 관련이 있다. 그러나 인사나 예산권을 쥔 서울의 입장에서 늘 이 문제가 다뤄져왔기 때문에 기득권 확보 차원에서 논의에 진전이 없는 것이다. 노무현 정권 시절 그런대로 지역균형발전 차원에서 KBS도 이 문제에 대해 진지하게 접근할 기회가 있었으나 역시 지역을 서울의 한 팀으로 인식하고 대팀제로 묶는 것을 보고 나는 절망했다. 진정한 로컬리즘만이 글로벌 시대의 경쟁력이라는 구호는 그야말로 구호에 그칠 뿐이다. KBS 지역국 활성화 문제는 답이 없는 것이 아니라 KBS 서울의 의지가 없다는 것이 더 문제이다. 이 문제는 통일 이후 KBS의 정체성과 관련해서도 지금부터라도 진지하게 구체적으로 논의하지 않으면 안 된다.

問 : 울산 사우의 상가를 찾아 부산에 온 울산의 비정규직 사우들이 따뜻하게 인사하는 것이 참 보기 좋았던 기억이 있다. 전직 CEO(국장)로서 울산은 어떤 곳인가?

答 : 울산국은 나와 인연이 참 많은 곳이다. 1980년 초 방어진에 KBS 중계소가, 신정동에 출장소가 있을 당시 혼자 부산에서 파견돼 취재 활동을 하면서 지금의 삼산동 울산국 청사 땅을 마련한 것(공원 부지를 엄청 싸게 구입했는데 감사패는 엉뚱한 사람이 받았음)이 인연

이 돼 1990년 초에 다시 잠시 근무하다가, 2004년에는 국장으로 발령이 났다.

울산이 광역시로 승격하면서 시세가 확장돼 수신료나 광고 수익만 따질 경우 KBS 안의 여느 총국들과 맞먹을 수준이지만 조직상에는 을지국에 머물러 울산시민들의 기대에 늘 부응하지 못해온 것이 사실이다. 따라서 부족한 로컬 프로그램에, 뉴스 등 모자라는 인력을 보완하기 위해서는 정규직, 비정규직 가리지 않고 가족적인 분위기에서 일하는 것이 필수적이었다. 능력 있고 KBS를 위해 열심히 일한 비정규직 직원들이 어느 날 소리 소문 없이 그만두었다는 소식을 들을 때마다 가슴이 멘다.

問 : 그동안 직장생활 중 기억나시는 분은? 그리고 이유는?

答 : 독불장군은 없다 한다. 맞는 말이다. 얼마 전 퇴직을 앞둔 사원들에게 시키는 사회적응 훈련의 하나인 '그린연수'를 다녀왔다. 강사로 나선 한 퇴직 선배 왈 "야, KBS 정말 큰일 났다!"고 한탄했다. 오늘의 KBS를 있게 한 전후세대들이 줄줄이 회사를 떠나는 현실을 우려한 표현이었다. 사실 KBS의 가장 큰 재산은 맨 파워이다. 다양한 직종에서 오랜 노하우와 경륜을 쌓은 인재들을 활용하기보다 단지 정년을 내세워 퇴직시키는 것이다.

30년 가까운 KBS 조직생활 중 왜 기억나는 사람이 없겠는가? 퇴직한 선배 중에는 이미 고인이 된 분들도 상당수 있고, 대부분은 은둔생활을 하는 사람들이 많아 "노병은 죽지 않고 다만 사라질 뿐이다"

라는 맥아더의 말을 실감하는 요즈음이다. 동고동락하며 애증이 교
차한 수많은 이들 가운데 존경하는 선배보다 내가 좋아하는 후배들
이 더 많음은 불행일까? 다행일까?

問 : 선배님에게 후배란 과연 무엇인가?

答 : 내가 처음 기자생활을 시작했을 때는 군대조직처럼 선후배 간의
규율이 엄격했다. 나이가 적더라도 입사가 빠르면 일단은 선배 대접
을 받았고, 취재 보도와 관련한 업무에서 선배의 지시나 말은 곧 명
령으로 통했다. 이러한 기자사회의 선후배 간 엄격한 조직문화는 물
불, 밤낮을 가리지 않은 취재전선에서는 일사불란한 협업체계와 팀
워크라는 시너지 효과를 가져오는 장점도 있다. 물론 개인의 개성과
창의성을 중시하는 요즘의 젊은 후배들에게는 다소 거북스러운 조
직문화이기도 할 것이다.

인생 선배나 회사에 먼저 들어온 입장을 떠나 나는 인연을 강조하
고 싶다. KBS라는 공동운명체에서 만난 인연도 그렇고, 하루 24시간
중 어쩌면 가족보다 더 오래 부딪치고 사는 인연이 예사 인연이겠는
가? 일뿐 아니라 개인의 사생활까지도 소주잔 부딪치며 터놓고 서로
의논할 수 있는 선후배 간의 원만한 인간관계야말로 우리 삶에서 가
장 소중한 인연 아니겠는가?

問 : 현직 시인이시기도 하다. 시도 하나 부탁드릴 수 있을지… 처음 시
를 쓴 때는 언제인지? 시상을 얻거나 관심을 두는 소재를 얻는 곳은?

256

쫌 : 기자가 시까지 쓴다고 비아냥거림을 받을 수도 있다. 기사나 뉴스의 보도문장은 사회를 반영하는 거울일 수는 있어도 개인의 감성이나 사물이나 세상을 보는 주관적인 시각을 반영하기는 어렵다. 뉴스는 객관성을 중시하기 때문이다.

시인으로 등단하기 전인 1986년 『야인기(野人記)』라는 첫 시집을 낸 적이 있다. 당시 KBS 청사가 고관 입구에 있을 때인데 출입처에 나가 있을 때 회사로부터 급히 들어오라는 연락이 와 들어가니 데스크 선배 쪽에서 시집 출판기념회를 취소하라고 했다. 이유를 물었더니 KBS 기자가 내는 시집 제목이 '야인기' 라서 곤란하지 않겠느냐는 것이었다.

지금까지도 뚜렷한 이유를 알 수 없지만 짐작으로는 아마 재야 이미지와 겹친 것 때문이 아니었을까 하고 생각한다. 회사의 은근한 압력에도 불구하고 나는 당시 광복동 입구에 있던 '양산박' 이라는 술집에서 출판기념회를 조촐하게 치렀고 몇몇 지인들에게 시집들을 나누어주었다.

나를 아는 사람들은 내가 시집을 낼 때마다 도대체 언제 시를 쓰느냐고 묻곤 한다. 내 직업이 기자니까 아마 늘 시간에 쫓기는 걸로 생각해서 하는 말이겠지만 자신이 좋아하는 일은 시간과 관계가 없다는 것이 내 경험이다. 그렇지만 시상이 떠오를 때마다 메모하는 습관은 늘 갖고 있다. 그렇게 모인 단상들이 가감삭제를 거쳐 지난해까지 5권의 시집을 내게 된 것이다. 시적 소재는 특별히 정해진 것은 없지만 자연과의 교감을 거쳐 인간의 심사를 풀어내는 짧은 내용이 요즘은 주류를 이룬다.

　퇴직 이후는 8년 전에 삼랑진 촌집을 고쳐 지은 '수촌재'에 머물며 독서를 주로 하고 틈이 나면 자연과의 연대를 지향하는 내용으로 시들을 가다듬어볼 작정이다.

　혹 지면이 허락한다면 최근 노동운동의 한계를 한 발 물러서 보면서 쓴 아래의 시를 참고하기 바란다.

북채를 놓으며

늙은 노동자의 손이
미덥기 시작한 것은
북채를 놓은 지 15년 즈음

사랑도 이념도
속절없이 흐름을 절감하는 것도
북채를 놓은 지 15년 즈음

어제의 동지가 오늘의 적으로
으르렁거리는 현실을 보는 것도
북채를 놓은 지 15년 즈음

모든 것 물 흐르듯 받아들이고
마음의 북채마저 놓아버리는
단풍보다 낙엽이 더 좋은 계절!

問 : 꼼꼼한 심의로 후배들을 압박하는 것으로도 악명(?)이 높은데 심의를 하면서 가장 중점을 두는 것은 무엇인가?

答 : 사실 로컬 프로그램 심의라는 것이 서울처럼 제작과 일정 거리를 두고 다양한 장르에 걸쳐 폭넓게 이뤄지는 것이 아니라 열악한 제작 환경에서 빠듯한 일정 속에 제작하는 프로그램이 많다 보니 엄격한 심의 잣대를 들이대어 '감 나라, 배 나라' 하기는 어렵다. 특히 뉴스나 시사 토론 프로그램을 제외하고는 대부분 사전 심의에 해당하는 교양 프로그램이기 때문에 그냥 두루뭉술하게 넘어가도 좋은 내용들이다.

그러나 지난해 연말로 3년간의 심의 업무를 사실상 마치면서 홈페이지에도 게시했듯이 "지역방송 활성화의 지름길은 로컬 프로그램의 질적 향상에서 비롯된다"는 나의 주장에는 변함이 없다. 그렇고 그런 나가도 좋고 안 나가도 되는 내용들이 고민한 흔적 없이 포맷만 바뀌어 구태의연하게 방송해도 아무도 말이 없는 현실은 분명 문제가 있다. 그런 면에서 앞으로 로컬 프로그램의 심의는 형식도 중요하지만 방송되는 내용에 대한 따끔한 지적이 필요하고 제작진 간에 사후 비평이 더 활성화됐으면 한다.

언론인이나 방송국에 근무하는 사람들은 남의 잘못에 대해서는 용감하지만 자신의 잘못에 대한 지적에 대해서는 못 견디어 한다. 팽이는 알맞은 채찍질에 잘 돌 수 있듯이 심의기능은 잔소리나 하는 곳이 아니라 적당한 채찍질로 로컬 프로그램의 질적 향상을 견인하도록 역할이 강화돼야 할 것이다.

問 : KBS가 언제 조용한 적이 있었을까? 현재 가장 큰 문제점은 무엇이라 보나?

答 : 가지 많은 나무에 바람 잘 날 없지 않은가? 그만큼 KBS는 역동적인 조직이다. 또 순진한 조직이다. 사장 선임방식에서부터 이사회 구성까지 모두 정치적인 논리가 작용하고 있음에도 KBS의 정체성을 확립할 주체인 내부의 생각들은 정리되지 않고 정권이 바뀌고 대통령이 바뀔 때마다 KBS는 항상 외부의 소용돌이에 휘둘려 내홍을 겪는다. 또 KBS를 가장 잘 이해하고 바람직한 방향으로 가도록 도와주어야 할 KBS 출신 정치인들마저 자신의 정치적 입지에 따라 안면을 바꾸고 말도 바꾼다.

시스템도 취약해 사장이 누가 오든지 시스템이 작동하는 게 아니라 사장이 누가 되느냐에 따라 시스템도 바뀌는 구조도 문제이다. 군사독재정권의 부산물인 공영방송 체제에서 벗어나 오늘날 정보화 사회에서 진정으로 필요한 공영방송 KBS의 역할과 정체성을 새롭게 확립하는 것이 시급한 과제이다.

問 : 21세기에 KBS가 특보사장을 아무런 문제없이 받아들인 것을 어떻게 평가해야 할까? 지적대로 전여옥, 이동관이라도 이제는 상관없는 것일까?

答 : 누가 정권을 잡더라도 언론 특히 방송만은 놓치고 싶지 않은 것이 권력의 속성임을 우리는 지금까지 무수히 보아오지 않았나? 그런

와중에 누군 되고 누군 안 되고 하는 것이 무슨 의미가 있을까? 앞서도 언급했지만 정치 독립적인 사장 선임을 위한 시스템과 제도 구축이 선결과제이다.

問 : 새 노조 출범, 현 노조의 갈 짓자 행보 등 회사의 한 축인 노조가 흔들리는 모습을 보이고 있다. 선배로서의 시각과 조언은?

答 : KBS노조도 20여 년 세월을 거쳐오면서 너무 정치 지향적 혹은 권력화되었다. 노조 위원장이나 부위원장 또는 전임자들은 선출 과정에서 자신들을 반대했던 조합원들까지도 포용할 수 있어야 하고 항상 열린 가슴으로 조합원들의 목소리를 경청해야 한다.

그러나 과거 노조에서 활동한 적이 있는 사람들이 자기 사람들을 노조 집행부에 심고 영향력을 행사하며 라인을 가르고 파당을 지어 특정 직종이나 특정 지역 사람들을 인사에서 우선하는 경향이 정치권의 작태와 조금도 다르지 않다. 특히 노조 전임자들은 임기가 끝나면 미련 없이 원래 일자리로 돌아가야 하고 조합 일을 할 때에는 자기희생을 각오하고 순수하고 헌신적인 자세로 임해야 함에도 그런 흔쾌한 모습을 보기가 어렵다.

노조의 분열은 지극히 불행한 일이다. 뭉쳐도 어려운 판에 흩어져 일을 도모하기에는 작금의 현실은 비관적이다.

問 : 아무래도 현재의 KBS 조직이 정상적인 것으로 평가하긴 힘들 것 같다. 한 걸음 떨어진 입장에서 어떤 점이 개선해야 할 것으로 보는가?

答 : 조직의 구성원들은 대단히 우수한 집단이다. 그러나 집단의 활기가 느껴지지 않는다. 내부 갈등으로 너무 오랫동안 침체된 탓일 게다. 조직의 에너지를 잘 응축시켜 훌륭한 콘텐츠 생산에 활용하기 위해서는 경영진의 장기적인 비전 제시가 필요하다. 제작진들은 오로지 좋은 작품을 생산하기 위해 고민하도록 '일할 맛 나는 회사'를 만드는 동기 부여가 필요하다.

問 : '선배님에게 후배란 무엇인가'란 질문을 드렸다. 그들에게 앞으로의 인생을 위해 해주고 싶은 말씀이 있다면?

答 : '큰 바위' 일화를 잘 알 것이다. 부모 자식 간에도 완벽한 인간관계 형성이 어려운 법인데 어찌 타인으로 만나 단번에 원만한 관계가 이뤄지겠는가? 좋은 선후배 관계는 인간적인 배려와 이해가 바탕이 돼야 한다. 이상적인 선배, 이상적인 후배는 머릿속에 존재하는 것이 아니라 내가 그렇게 되려고 노력하는 과정에서 이뤄지는 것이고 역지사지의 이해가 따라야 한다. 선배의 단점도 타산지석이 되도록 일을 통해 쏟는 나의 열정이 하나하나 모여 훗날 내가 생각한 멋진 선배의 모습이 바로 자신의 얼굴임을 확인할 수 있을 것이다.

問 : 퇴직이 얼마 남지 않았다. 향후 계획은?

答 : 1976년부터 기자생활을 시작했으니 33년 조금 넘는 직장생활을 했다. 이만하면 이제 쉴 때도 되지 않았나? 그런데도 주위에서는 아

직 한창 일할 나이인데 퇴직을 하다니… 하고 걱정들을 한다. 다행히 평생 숙제인 시작(詩作) 활동을 계속할 것이니 소일이라면 소일거리는 있고 늦깎이로 대학원 두 곳을 다닌 덕에 한 2년 겸임교수 노릇한 게 있어 여건이 허락한다면 대학에 출강은 계속할 수 있었으면 한다. 그 외에는 건강을 돌보며 내가 하고 싶은 일들을 찾아 가능한 '느린 삶'을 살 계획이다.

問 : 기자 혹은 언론인 장동범에게 KBS는 무엇인가?

答 : 나의 꿈과 청춘을 바친 평생직장 KBS를 어찌 잊겠는가? 나는 결코 이룰 수 없는 꿈을 꾼 적이 없어 내가 꾸었던 꿈은 대부분 이루었다고 말할 수 있다. 기자 혹은 언론인 나름으로 소외받고 어려운 처지에 빠진 사람들의 입장을 대변한다고 했으나 제대로 한 것이 없어 아쉽고 또 한때의 혈기로 남의 마음에 상처를 입힌 사례들이 많을 것임에도 제때 사과를 못한 허물이 많으니 그것 또한 두고두고 후회하며 살 것이다.

(2010년 1월 25일 〈KBS 부울노보〉)

보도문에 나타난
외래어 연구

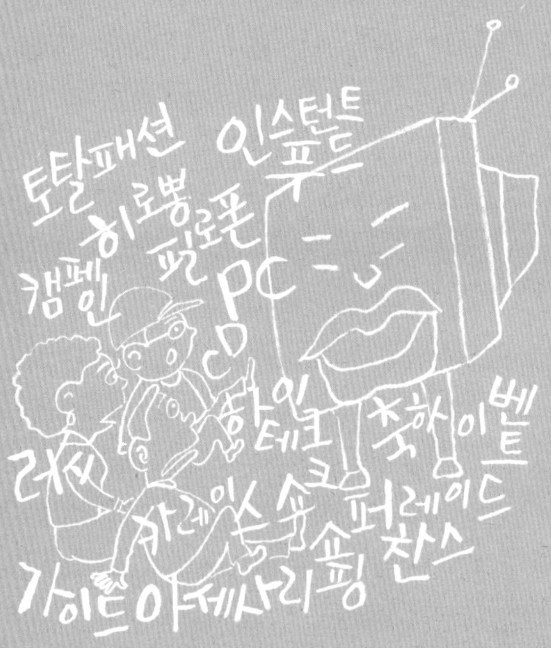

1. 글머리에

교통의 발달로 지구촌이란 말이 나올 정도로 국제교류가 활발해졌다. 우리나라는 88올림픽 개최를 계기로 외국에 더욱 잘 알려졌으며 우리나라에도 외국 소개가 늘어났다. 이 가운데 외국 소개의 첨단을 걷고 있는 것이 영상매체인 TV방송이다. TV는 매일 지구촌 구석구석에서 일어나는 일들을 시청자들의 안방까지 소개하고 있으며 낯선 외국의 지명(地名), 인명(人名), 일반 용어를 우리나라 말로 바꾸어 전해주고 있다.

쏟아지는 외신을 재빨리 전해주기는 활자매체인 신문도 마찬가지이다. 특히 최근 북방외교의 강화로 옛 소련을 비롯해 동구권 사회주의 국가들과의 잦은 접촉과 그들 내부의 체제붕괴에 따른 뉴스도 크게 늘었다. 그러나 미국을 비롯한 영어권에 익숙했던 우리로서는 생소한 이들 국가에 대한 뉴스가 체계화되지 못하고 신문이나 방송의 보도문(기사) 표기도 각양각색이어서 독자나 시청자들에게 혼란만 주어왔다.

본 연구는 국민들의 일상생활 가운데 중요한 부분을 차지하는 전파매체[1]와 활자매체의 보도문에 나타난 외래어(들어온 말) 표기의 문제점을 살펴본다. 물론 언론기관마다 외래어 표기가 서로 차이가 나거나 혼용된 것, 우리글이 있음에도 굳이 외래어를 사용해 정화대상이 된 것을 예로 한다(이하 ' ' 안의 표기는 잘못된 것).

---

1 우리나라 국민은 평일 2시간 30분, 토요일 2시간 45분, 일요일 3시간 40분 TV를 시청하고 있으며, 라디오는 평균 32분, 토요일 29분, 일요일 25분임(KBS, 1991년 국민생활시간 조사).

2. 보도문의 외래어 표기 일반문제

보도문에 나타난 외래어 표기의 일반적 추이는 『국어 어문 규정집』의 「외래어 표기법 해설」과 크게 다르지 않다. 「외래어 표기법 해설」 1항에는 외국어에서 빌어다가 국어의 일부로 쓰는 말을 외래어로 규정하고 유형을 크게 세 가지로 나누고 있다.

즉 (1)본래 tobacco(포르투갈)에서 온 담배와 같이 어원을 잊었을 정도로 아주 국어의 한 부분이 된 것과, (2)아나운서, 넥타이 등과 같이 외국에서 들어온 것이라는 의식은 있지만 우리말로 바꾸어 쓸 수 없을 정도로 일상화된 것, (3)바캉스, 트러블처럼 아직 자리를 굳히지 못했지만 국어의 문맥 속에서 국어식으로 발음되는 것 등이다.

여기서 특히 심각한 것은 언론매체들의 외래어 남용으로 (2)와 (3)의 비중이 점차 늘고 있다는 점이다. 보도문의 외래어 남용은 주로 외신에서 많이 나타나는데 시간을 다투는 속보성(速報性) 때문에 미처 차분히 문장을 가다듬고 우리글로 바꿀 겨를도 없이 전송되는 외신을 그대로 번역해 싣거나 방송하고 있는 데서 오는 현상이다.

우리나라 언론들은 1987년 6 · 29선언 이후 크게 늘어 활자매체인 신문의 경우 1991년 현재 한국기자협회에 가입한 수는 42개, 방송은 5개와 관할 지역방송국을 두는 곳도 있다. 이처럼 늘어나는 언론매체들은 대부분 워싱턴과 뉴욕, 런던, 파리, 베를린, 도쿄 등 외국의 주요 도시에는 기사를 직접 취재하는 특파원을 두고 있고 최근에는 옛 소련의 모스크바에도 특파원을 보내는 언론사도 있으나 정보의 홍수 속에 특파원들로만 외신을 감당할 수 없기 때문에 주로 세계 4

대 통신인 AP, UPI, AFP, 로이터와 계약을 맺은 연합통신의 번역에 전적으로 의존하고 있다.

이들 매체들은 평소 자주 쓰는 외래어는 어느 정도 정확하게 표현하나 생소한 외국 사건이나 특히 최근 교류가 시작된 동구권과 사회주의 국가의 지명, 인명, 일반 용어를 처음 보도할 때는 표기가 다른 경우가 자주 눈에 띄고 있다.

3. 보도문에 나타난 지명문제

「외래어 표기법 해설」의 인명, 지명 표기원칙은 국어의 24자모만으로 적되 이미 굳어진 외래어는 관용을 존중하고 국어와 직접 접촉이 없는 언어로써 제3국을 통해 차용된 경우는 고유의 발음을 반영해 적도록 돼 있다. 여기서 혼란의 여지가 있는 것은 관용과 원음표기 구분이다. 관용과 원음표기는 예외가 많은 원칙처럼 매체마다 받아들이는 기준이 달라 오랫동안 논란이 되어 왔다.

1) 동경과 도쿄

「외래어 표기법 해설」은 일본의 Tokyo를 도쿄와 '동경' 으로 함께 써도 좋도록 하고 있다. 원음과 한자음을 통용하도록 한 것이다. 그러나 대부분의 신문과 방송이 이 두 가지 병용 때문에 독자나 시청자들에게 혼란만 주고 있다. 원음에 충실한 도쿄식 표기의 경우 한때 신문들은 '토오쿄오, 도오꾜오, 도오꾜, 도꾜' 등으로 써왔고 신문마다 자신들의 표기가 옳다고 주장했다. 그러나 최근에는 원음표기인

도쿄와 한자음인 '동경' 으로 압축됐으나 혼란의 소지는 여전히 있다. 이에 대해 정재도(한글학자)는 "땅이름을 그 지방 소리대로 불러주지 않으면 통하지 않을 뿐 아니라 엉뚱한 곳이 되기도 한다"[2]면서 '동경' 의 표기는 우리나라 고려 때의 4경 중 하나와 만주의 발해에 있었던 뚱징, 인도차이나의 통킹 만, 그리고 일본의 도쿠가와 막부(幕府) 때부터의 서울인 도쿄 등을 예로 들고 있다. 따라서 일본의 지명은 도쿄로 써야 한다고 그는 주장한다. 그러나 대부분의 신문들은 외신발로 도쿄=AP연합이 아닌 '동경=AP연합' 식으로 쓰고 있다. 또 최근의 정변으로 외신을 많이 탄 타이 사태도 마찬가지이다.

Thailand의 한자음인 '태국' 이 주류를 이루며 타이라고 표기한 곳은 한글 전용 신문인 한겨레뿐이었다(외래어 표기법은 타이). 타이의 서울인 방콕도 '뱅콕' 으로 쓴 곳도 가끔 있었고 타이 사태의 진원지인 램캄행 대학의 경우 한 신문에서도 '람캄헹' 이란 표기가 눈에 띄어 속보에 따른 외래어 점검이 제대로 안 되고 있음을 보여주었다. 이 밖에 중국의 Beijing도 '북경' 이 아닌 베이징으로 써야 한다.

2) 리오와 리우

외래어 지명 가운데 지금까지 통용돼온 관용어가 한꺼번에 무너져 언중들에게 가장 충격을 준 대표적인 예로 세계 3대 미항(美港)이자 브라질의 옛 서울인 Rio de janeiro는 지금까지 '리오 데 자네이로' 로 통용돼왔다. 그러나 1992년 6월 3일부터 14일까지 유엔 환경

---

2 〈한겨레신문〉에 게재.

개발회의가 열리면서 외신이나 특파원을 통해 연일 리우회의를 보도한 국내 언론들은 엄청난 갈등에 빠졌다. 외래어 표기법에는 분명 리우 데 자네이루로 돼 있으나 일반 언중들은 '리오 데 자네이로'로 알고 써온 데 따른 원칙과 관용 사이의 혼란이 컸기 때문이다.

3) CIS와 CCCP

1992년 제16회 동계올림픽이 프랑스의 알베르빌에서 열렸을 때 모 스포츠 신문에는 다음과 같은 기사가 실렸다.

"독립국가 연합(CIS) 선수단은 구소련 공식국가 명칭인 CCCP가 새겨진 훈련복 판촉에 나서 화제다."

지금 우리나라는 각 언론에서 옛 소련의 명칭 때문에 일대 혼란이 일어나고 있다. 위의 기사 인용문에서 CCCP는 옛 소련의 정식 국호인 소비에트 사회주의 공화국 연맹의 러시아어 약어인데 영어처럼 생겨 '씨씨씨피'로 읽는 아나운서나 기자가 가끔 있다. 러시아어로는 에스에스에스에르이다.

옛 소련 각 공화국과의 교류가 활발해지면서 러시아어 계열의 외래어 표기 문제가 학계와 언론계, 정부 관계자들 사이에 논의가 되고 있다. 그러나 「외래어 표기법 해설」에는 영어, 독일어, 프랑스어, 에스파냐어, 이탈리아어, 일본어, 중국어의 표기는 구체적으로 싣고 있으나 러시아어 표기법은 다루지 않았다. 그만큼 우리의 언어 현실은 변화하는 국제흐름을 따르지 못하고 있다. 따라서 여기서는 최근 정부, 언론, 외래어 심의 공동위원회가 확정한 독립국가 연합 각국의 정식 명칭과 영어표기, 관용표기를 소개한다(도표1 참고).

<도표1>

정식명칭	관용표기	영어표기
러시아연방	러시아	Russian Federation
러시아연방	우크라이나	Ukraine
벨로루시공화국	벨로루시	Republic of Belarus
몰도바공화국	몰도바	Republic of Moldova
아르메니아공화국	아르메니아	Republic of Armenia
아제르바이잔공화국	아제르바이잔	Azerbaijani Republic
카자흐스탄공화국	카자흐	Republic of Kazakhstan
투르크메니스탄	투르크멘	Turkmenistan
우즈베키스탄공화국	우즈베크	Republic of Uzbekistan
타지키스탄공화국	타지크	Republic of Tadzhikistan
키르기스스탄공화국	키르기스	Republic of Kyrgyzstan
그루지야공화국	그루지야	Republic of Georgia

이 밖에 착각하기 쉬운 나라이름으로 말레이시아가 있는데 아직도 상당수가 '말레이지아' 로 쓰고 있다.

4. 보도문에 나타난 인명문제

「외래어 표기법 해설」은 외국의 인명은 일반적으로 언어 고유의 발음을 반영해 적되, 중국과 일본을 중심으로 한 동양의 표기법은 전통적으로 우리의 한자음과 원지음 표기를 함께 쓰도록 하고 있다. 따라서 「외래어 표기법 해설」의 고민은 어떻게 하면 전통은 전통대로 살리고 현실은 현실대로 수용하면서 양자 간의 마찰을 극소화시킬 수 있을까 하는 데에 있다. 특히 일본의 경우 과거와 현대의 구분 없이 원지음에 따라 표기하도록 하고 있고, 중국은 신해혁명(辛亥革命)을 분기점으로 과거는 한자음으로 그 후는 원지음으로 표기함을 원칙으로 하고 있으나 우리의 언론표기 관례는 그렇지 않다는 데 문제가 있다.

1) 등소평과 덩샤오핑

〈한겨레신문〉을 제외하고 대부분의 신문과 방송들이 "중국의 실력자 등소평…" 식으로 적고 있다. 「외래어 표기법 해설」에 따르더라도 '등소평'은 신해혁명 이후 현재까지 살아 있는 사람이므로 원지음을 존중해 덩샤오핑으로 적어야 함에도 우리의 오랜 한자음 표기 습성에서 벗어나지 못하고 있다. 마오쩌둥(毛澤東), 리펑(李鵬)도 마찬가지다. 임진왜란의 원흉인 도요토미 히데요시(豊臣秀吉)나 도쿠가와 이에야쓰(德川家康)도 원지음 다음에 한자를 병기해 이해를 도우고 있는 실정이다.

2) 카셋 사령관과 카세트

「외래어 표기법 해설」에는 말음이 된소리로 나더라도 ㄱ, ㄴ, ㄷ, ㄹ, ㅁ, ㅂ, ㅅ, ㅇ만을 쓰도록 하고 있다. 그러나 최근 타이 정변을 다룬 신문들 가운데 타이군 최고 사령관 이름을 카셋과 '카세트'로 혼용하고 있다. 카세트라 하면 테이프로 착각하기 쉽다. 또 독립국가 연합 사령관 이름도 예브게니 샤포슈니코프를 '예프게니 샤프슈니코프'로 쓰는 곳도 있다. 타이 국왕도 푸미폰을 과거는 '부미볼'로 쓴 적도 있었다. 또 최근 이탈리아의 유명한 마약 담당 조반니(Giovanni)

판사 폭사사건 보도도 '지오반니'로 잘못 표기한 예도 있었다. 이 밖에 자주 거론되지 않은 외국의 인명은 대부분 처음 기사로 나올 때는 혼란을 겪다가 시간이 지난 뒤에야 통일되는 것은 흔한 일이다.

3) 존, 요한, 요제프, 조제프[3]

위의 예는 John의 영어식, 독일어식, 프랑스식 등의 이름이다. 외국인명의 경우 국적을 따라 표기할 것인가, 아니면 널리 쓰이는 영어식 표기를 도입해서 표기할 것인가에 대한 문제의 대표적 예다. 특히 최근 동구의 개방 물결과 함께 이들 나라의 새로운 인물들이 등장하면서 보도문의 표기 문제는 심각한 상황을 맞고 있다. 가령 1989년 헝가리 정치개혁 당시 사회당 총재의 이름도 신문마다 '레지에 니에르스, 레즈소 니에르시, 레조니 니에르스, 레조외 니에르스...' 식으로 각양각색이다. 또 최근 한국을 방문한 옛 소련 대통령 위원회 위원 이름도 '메드 베제프, 메드 베데프' 등으로 각기 달리 표기되었다.

4) K모양과 ㄱ아무개양

신문과 방송기사에는 사건을 다룰 때 익명을 구하거나 미성년자로 이름을 감출 때 즐겨 쓰는 용어로 성(姓) 다음에 모(某)라는 표기가 있다. '김모양(18)' 식의 표기를 자주 보았을 것이다. 그러다 요즘에는 한 술 더 떠 'K모양' 식으로 성의 첫 음절을 영어의 이니셜로

---

3 권오문(세계일보 교열부)의 「한국언론, 언어구사에 문제 있다」(『저널리즘』 1991년 여름호)에서 인용.

다룬 곳도 많다. K양이면 되지 K모양은 또 무엇인가. 지나친 영어식 표기의 대표적 예다. 여기에다 정치면 기사에는 JP니 YS, DJ, CP, JC 니 해서 유명 정치인들의 이름을 이니셜만 따서 사용하는 것이 유행 처럼 돼버렸다. 이처럼 우리 이름의 약자를 영어식으로 남용하고 있 는 데 대해 비판도 없지 않다.

한글 풀어쓰기를 연구하고 있다는 김준수(전주시)[4]는 "오산고교 의 경우 ㅇ고교가 아닌 ㄴ고교로, 영생고교는 ㅕ고교로 쓰고 DJ, JP, YS는 ㄷㅈ, ㅈㅍ, ㅕㅅ으로 쓰자"고 주장한다. 그러나 보도기사에서 수용하기 어려운 'ㄴ고교' 식보다는 김모양 대신 ㄱ아무개양, YS 대 신 03식의 표기는 바람직할 것 같다(피의자 이름의 경우 동성 종친 회 항의도 잦음).

5. 보도문에 나타난 일반 외래어 표기 문제

외래어는 말 그대로 밖에서 들어온 말이다. 버스처럼 원래 우리나 라에 없었기 때문에 원래 발음대로 쓸 수밖에 없는 경우도 있지만 굳 이 우리말로 바꿔 쓸 수 있는 말도 외래어로 사용하는 풍조가 사라지 지 않고 있다. 특히 신문이나 방송기사에서 외래어 남용을 부채질하 면 모국어가 설 곳이 그만큼 좁아지는 심각함에 빠진다.

1) TV와 텔레비전 세트

---

4 〈한겨레신문〉 투고내용 인용.

텔레비전은 원래 뜻은 멀리서도 볼 수 있는 장치이다. 요즘은 관용어로 굳어져 말뜻을 모르는 사람은 없다. 그러나 기사에서의 표기는 '텔레비젼, 텔리비전' 처럼 다른 경우가 많다. 뉴스를 새소식으로 적자는 아집은 지금의 언어 환경에는 어렵지만 이왕 쓰는 외래어는 맞춤법에 맞게 정확하게 써야 한다.

TV 정도는 언어경제를 위해서 용인할 만하나 수상기 전체를 나타내는 세트는 지나치다 할 수 있다. 최근 대학가에서 우리말 살려 쓰기 의식이 높아져 언론에서도 서클을 동아리로 표기하는 데 익숙해진 사례 등은 환영할 만하다. 그러나 중국처럼 센터를 중심으로, 핑퐁을 병병(乒乓)으로, 코카콜라를 가구가락(可口可樂)으로 쓸 정도의 국가적인 어문정책이 필요하다.

2) 히로뽕과 필로폰

최근 마약 복용자가 늘면서 사회문제가 되고 있는 마약류 가운데 하나가 philopon이다. 이 용어는 향정신성 의약품인 염산에페드린을 원료로 만들어지는 것으로 일본식 표기인 히로뽕이 거의 관용어로 정착됐다. 『외래어 표기법 일반 용어집』(종로서적 발간)에는 히로뽕으로 돼 있으나 일반 기사에는 '히로뽄, 히로폰, 필로폰' 등으로 쓰고 있다.[5] 또 도박기인 슬롯머신의 일본식 표기인 빠찡꼬도 '파친코, 파칭코, 빠찐고' 식으로 혼용하고 있다.

웃옷 밖에 입는 jumper는 일본식 표기인 잠바와 영어식 표기인 점

---

5 국어연구소 외래어 표기 용례집과 1991년 6월 한국신문편집인협회 보도용어 심의위원회는 히로뽕으로 쓰도록 규정했다.

퍼로 다 같이 쓸 수 있으나 교통사고 기사 가운데 자주 눈에 띄는 자
동차 bumper는 '밤바' 대신 범퍼로 쓰도록 돼 있다. 발음 면에서 우
리보다 뒤지는 일본식 표기를 관용어라고 해서 허용하거나 못 쓰도
록 규정한 것이 문제이다.

3) 개인 전산기와 PC

반도체의 발달로 전자제품이 쏟아져 나오면서 우리에게 익숙해진
외래어들이 많이 있다. 대표적인 것이 컴퓨터이다. 굳이 우리식으로
표기하자면 전산기지만 단순한 전자계산기와 구분하기 위해 컴퓨
터 정도는 무난하다. 그러나 '콤퓨터'라는 표기도 자주 보이고, 나
아가 개인이 갖고 있는 컴퓨터를 퍼스널 컴퓨터의 약자인 PC로까지
공공연히 쓰고 있다. 또 콤팩트디스크의 약자인 CD나 레포츠(레저+
스포츠)도 외국어를 줄인 경우지만 일본식 조어(造語)인 캠코더(카
메라+레코더)나 체육이라는 말이 있는 데도 스포츠라는 말은 귀에
거슬린다.

캠페인(운동), 인스턴트 푸드(즉석식품), 테니스 코트(정구장), 오
픈(시작, 개막) 카 레이서 (자동차 경주 선수), 카퍼레이드(자동차 행
진), 샐러리 맨, 비즈니스, 토털패션, 축하 이벤트, 안내 데스크, 해변
액세서리, 골프웨어, 쇼핑찬스 등등 열거하자면 한이 없다.

이 밖에 잘못된 외국어투의 남용사례[6]로는 주택청약 러시→주택
청약 밀려, 파격가 서비스→파격가 봉사, 재산증식 가이드→재산증
식 안내(지침), ○○회사 재기 드라마→재기의 극적 과정, 축구인생

---

6 정국(한국외국이대 교수)의 「외국어투의 우리말과 글」(『국어생활』 1988년 봄호)에서 인용.

풀 스토리→축구인생 모든 것, 하이테크 쇼크→첨단기술 충격, 포켓 사이즈→주머니에 들어가는 크기, 가요 톱 텐→최고 인기가요 열곡, 베스트 10→최상위 10 등으로 신문이나 방송의 체육, 문화, 과학, 생활정보란을 장식하면서 외국어 오용을 주도하고 있다.

이처럼 잘못 사용되는 외국어투의 우리말과 글에 대해서는 전반적인 심의를 통해 해당 회사마다 주의를 주도록 하는 제도적인 장치가 필요하다.

4) pool과 풀장

영어로 물웅덩이를 pool이라 한다. 그러나 여름철이면 어김없이 등장하는 실내 수영장이란 뜻의 풀장이란 국적 불명의 용어가 있다. 아마 영어의 풀과 장소의 합성어인 듯한데 잘못 쓰인 경우다. 같은 예로 믹서기를 들 수 있다. 과일이나 채소를 가는 mixer에 기계를 덧붙였다. 언론종사자들은 이러한 군더더기 용어를 '곶감 접문자' 라 한다.

6. 잘못 쓰기 쉬운 외래어들[7]–( ) 안은 바른 표기임

ㄱ: 까스(가스), 까십(가십), 까페(카페), 갈론(갤런), 걸 스카웃(걸 스카우트), 그람(그램), 그로키(그로기), 글래스(글라스), 그리세린(글리세린), 기브스(깁스), 길로틴(기요틴), 꼬냑(코냑), 꽁트(콩트)

---

7 연합통신 『기자 핸드북』(1991년 8월 발간)에서 필자가 틀리기 쉬운 외래어 167개를 임의로 선정해 옮김. 연합통신은 책머리에서 "여기에 제시된 한글 표기 가운데 동구어와 북구어에 대한 것은 앞으로 국립국어연구원이 관련표기 세칙을 제정할 경우 이 세칙과 일치되도록 바뀌야 한다" 는 주를 달고 있어 이 표기도 불안정함을 전제한다.

ㄴ: 넌센스(난센스), 내쇼날리즘(내셔널리즘), 넌픽션(논픽션), 노스탈쟈(노스탤지어), 뉴욕타임즈(뉴욕타임스)

ㄷ: 다이나믹(다이내믹), 다이나마이트(다이너마이트), 다이어먼드(다이아몬드), 다이알(다이얼), 달라(달러), 다알리아(달리아), 데뷔(데뷔), 뎃상(데생), 도나쓰(도넛), 드로프스(드롭스), 딜레마(딜레마)

ㄹ: 라이센스(라이선스), 런닝(러닝), 로봇(로봇), 로비이스트(로비스트), 로스엔젤레스(로스앤젤레스), 로얄(로열), 로얄티(로열티), 로타리(로터리), 루즈(루주), 룩색(륙색), 류마티즘(류머티즘), 리더쉽(리더십), 레코드(리코더), 렌트카(렌터카), 링겔(링거)

ㅁ: 매저키즘(마조히즘), 마후라(머플러), 메리야쓰(메리야스), 메카니즘(메커니즘), 몰타르(모르타르), 몰핀(모르핀), 뮤지칼(뮤지컬)

ㅂ: 바란스(밸런스), 바리케이트(바리케이드), 바비큐(바비큐), 바이얼린(바이올린), 밧데리(배터리), 백밀러(백미러), 뱃지(배지), 베드민턴(배드민턴), 보이코트(보이콧), 보우링(볼링), 부루스(블루스), 부르조아(부르주아), 브러지어(브래지어), 블록(블록), 비스켓(비스킷), 비지네스(비즈니스), 비프스테익(비프스테이크), 빵빠레(팡파르)

ㅅ: 새디즘(사디즘), 샷슈(새시), 섹스폰(색소폰), 센타(센터), 샨데리아(샹들리에), 셰도우(셰도우), 써클(서클), 세파트(셰퍼드), 싸롱(살롱), 싸이클(사이클), 쏘세지(소시지), 쇼유즈(소유즈), 쇼파(소파), 수퍼마켓(슈퍼마켓), 스넥(스낵), 스레트(슬레이트), 스미소니언(스미스소니언), 스크류(스크루), 스탭(스태프), 스텐레스(스테인리스), 스폰지(스펀지), 스파트(스폿), 시거(시가), 시츄에이숀(시추에

이션), 심볼(심벌)

　ㅇ: 아마튜어(아마추어), 아이로니(아이러니), 아이셰도우(아이섀도), 아이슬랜드(아이슬란드), 아케이트(아케이드), 아프터서비스(애프터서비스), 악세레타(액셀러레이터), 액센트(악센트), 앙케이트(앙케트), 앰브란스(앰뷸런스), 앰플(앰풀), 어드밴테이지(어드밴티지), 업사이드(오프사이드), 에스칼레이트(에스컬레이터), 에어콘(에어컨), 엣센스(에센스), 올간(오르간), 옵셋(오프셋), 웨곤(왜건), 유니온(유니언)

　ㅈ: 재크나이프(잭나이프), 잼보리(잼버리), 쥬스(주스), 주니어(주니어), 짜르(차르)

　ㅊ: 챔버(체임버), 초코렛(초콜릿)

　ㅋ : 카렌다(캘린더), 카바(커버), 캬바레(카바레), 카바이트(카바이드), 캬브레타(카뷰레터), 카운슬러(카운슬러), 카다로그(카탈로그), 카페트(카펫), 칸소네(칸초네), 컬러(칼라), 캬라멜(캐러멜), 캐롤(캐럴), 카라트(캐럿), 컨테스트(콘테스트), 콘테이너(컨테이너), 컴팩트(콤팩트), 컴플렉스(콤플렉스), 콜세트(코르셋), 코리어(코리아), 콜크(코르크), 코메디(코미디), 코칭스텝(코칭스태프), 꼴라쥬(콜라주), 콩쿨(콩쿠르), 쿠테타(쿠데타), 크로바(클로버), 크로즈업(클로즈업), 크리스머스(크리스마스), 크리스탈(크리스털)

　ㅌ: 타올(타월), 타코미터(태코미터), 팀웍(팀워크)

　ㅍ: 파라독스(패러독스), 퍼머(파마), 포커레인(포클레인), 휴즈(퓨즈), 프론트(프런트), 플러레(플뢰레), 플룻(플롯)

　ㅎ: 화이바(파이버), 휴매니즘(휴머니즘)

7. 결론을 대신하며

앞서 밝힌 대로 오늘날 국민생활에서 활자매체와 전파매체의 영향력은 크다. 하루도 뉴스(보도문)를 떠나 살 수 없을 만큼 정보시대에 우리가 살고 있는 것이다. 따라서 이들 보도문이 국민정서에 미치는 힘을 고려할 때 올곧은 언어 전달이 어느 때보다 필요하다. 그러나 매일 쏟아지는 말과 글을 정확하게 걸러주는 장치가 약하기 때문에 매체의 역기능 또한 심각하다. TV에서 '바담풍' 하면 어린들은 정말 '바담풍' 인줄 아는 세상이다.

우리말의 서구어화 남용 사례[8](도표2 참고)를 보면 국민들의 잘못된 언어생활이 얼마나 심각한지 알 수 있다. 국내 각 언론사에서는 신문의 경우 교열부나 심의실, 방송은 아나운서부나 심의실 등에서 언어순화와 잘못 표기한 언어를 고치도록 홍보활동을 하고 있다.

그러나 이들 기구는 강제성이 거의 없기 때문에 시간에 쫓기는 현업부서(기자, 아나운서, 식자요원 등)의 업무를 충분히 심의하고 교육시키는 경우가 드물다. 따라서 학계와 언론계, 정부 관계자들로 구성된 외래어 심의 공동위원회가 자주 자리를 마련해 보도문에 나타난 외래어 표기 문제를 깊이 있게 다루어서 제때 잘못된 외래어를 고치도록 해야 한다. 특히 최근 문화부가 마련한 미술, 건축 용어 순화안 같은 것은 일본어 오염이 극심한 전문분야의 언어 순화에 큰 도움이 될 것으로 기대한다. 이 밖에 「외래어 표기법 해설」도 7개 언어권

---

8 이 서구어의 오염도는 KBS 부산방송본부 아나운서부가 최근 부산지역에 사는 20~40대 미만의 남녀 100명을 대상으로 조사한 결과이다.

에 한정할 것이 아니라 동구권과 옛 소련 등지의 언어권도 폭넓게 수
용해 하루빨리 알맞은 지침서가 나오기를 기대하며 글을 맺는다.

〈도표2〉

우리말	서구어	백분율
피서	바캉스	30 : 70
운동경기	스포츠	15 : 85
상여금	보너스	11 : 89
보도기관	매스컴	15 : 85
선전	PR	10 : 90
성	섹스	20 : 80
간격	갭	20 : 80
새 소식	뉴스	5 : 95
제방	댐	10 : 90
춤	댄스	15 : 85
에누리	디스카운트	25 : 75
규칙	룰	20 : 80
차림표	메뉴	15 : 85
가방	백	30 : 70
인기	붐	20 : 80
만날 약속	데이트	3 : 97
전율	스릴	5 : 95
인물 추정화	몽타주	0 : 100
특매장	바자	2 : 98
건물	빌딩	5 : 95

(기자협회 KBS 부산분회지 『참소리』 1994년호)